Silvia Fauck

SOS
Herzschmerz

Soforthilfe von der
Liebeskummer-Expertin

Gabriel

Ich widme dieses Buch meinem ersten Enkelkind

Ben.

Love

Silvia Fauck

Inhalt

Einleitung

Wir alle werden unsere erste Liebe wohl niemals vergessen. – Das erste Mal! Wir betreten Neuland in der Welt der Gefühle und unsere Hormone spielen förmlich verrückt. Das Leben macht Spaß, wir sind neugierig und denken, dass uns nichts aus der Bahn werfen kann.

Doch die wenigsten Menschen bleiben ein Leben lang mit ihrer ersten Liebe zusammen. Und so wird er kaum einem Menschen auf der Welt erspart: der Liebeskummer. Genau wie beim ersten Verliebtsein gehen auch jetzt wieder unsere Gefühle mit uns durch. Bloß tragen sie uns diesmal nicht auf Wolke 7 durch den Tag, sondern ziehen uns runter in die tiefsten Tiefen unserer Seele. Plötzlich macht überhaupt nichts mehr Spaß und am liebsten würden wir uns nur noch im Bett verkriechen und warten, bis der Schmerz endlich zu Ende geht – falls das überhaupt jemals passieren wird. Denn vorstellen können wir es uns in dem Moment eigentlich nicht.

Kein Wunder, denn Liebeskummer ist eines der stärksten Trauergefühle überhaupt. Ähnlich wie beim Verlust eines geliebten Menschen erleben wir beim Liebeskummer Verlustgefühle, Machtlosigkeit und Trostlosigkeit. Wir fühlen uns vom Schicksal ungerecht behandelt und fragen uns: Warum muss das ausgerechnet mir passieren?

Wenn es dir gerade jetzt so geht, hoffe ich, dass ich dir mit diesem Buch eine Hilfestellung geben kann, um über diese schweren Stunden hinwegzukommen. Vielleicht bringt es dich schon einen kleinen Schritt weiter, wenn du erfährst, warum wir unter Liebeskummer so sehr leiden und in welchen Phasen Liebeskummer üblicherweise verläuft.

Außerdem findest du in diesem Buch zahlreiche Geschichten, die dir zeigen: Du bist nicht allein. Vielen Menschen ging es einmal ähnlich wie dir – und sie alle sind aus diesem Tief irgendwann gestärkt wieder aufgetaucht. Alle Geschichten, die ich in diesem Buch beschreibe – ob von Prominenten oder von Menschen wie du und ich – sind nicht ausgedacht, sondern wirklich genau so passiert.

Aus meiner langjährigen Arbeit mit »Liebeskummerkranken« weiß ich auch: Es gibt eine Reihe von Tipps und Tricks, die den Liebeskummer ein wenig lindern und dir helfen, schneller darüber hinwegzukommen. Diese kleinen »Trostpflaster« will ich dir natürlich nicht vorenthalten.

Und zu guter Letzt gilt es, nicht gleich noch einmal in dieselbe Falle zu tappen, wenn du erst einmal bereit bist, dich auf eine neue Liebe einzulassen. Deshalb beschreibe ich in diesem Buch auch die typischen Liebeskummerfallen und wie du sie umgehen kannst.

Dieses Buch wendet sich an Mädchen und an Jungen gleichermaßen, denn der Liebeskummer macht vor Geschlechtern nicht halt. Auch wenn beide vielleicht unterschiedlich trauern, ist die Wunde, die durch das Ende der ersten Liebe ins Herz gerissen wird, gleich tief.

Übrigens kann ich dich in einem Punkt beruhigen. Liebeskummer geht wirklich irgendwann vorbei. Auch ich habe mich nach meinem ersten Liebeskummer schließlich wieder aufgerappelt. Ich lenkte mich ab, hatte wieder Spaß mit meinen Freundinnen, gewann an Selbstvertrauen und konnte wieder lachen.

Herzlichst
deine Silvia Fauck

Schmerzhafter Aufprall: Von Wolke 7 auf den Boden der Tatsachen

Wie ich meinen ersten Liebeskummer erlebte

Ich selbst erinnere mich noch gut an meinen ersten Liebeskummer. Ich war 13 und total verknallt in Klaus aus der Parallelklasse. Klaus gehörte zu unserer Clique, die aus drei Jungen und drei Mädchen bestand. Seit Wochen trafen wir uns schon jeden Nachmittag an der Currywurstbude in Dortmund-Aplerbeck, und dank der Großzügigkeit meines Großvaters hatte ich auch das Geld, um täglich Pommes zu kaufen. Mein Herz schlug mir jedes Mal bis zum Hals, wenn ich Klaus sah.

Dann ergab sich endlich eine Gelegenheit, sich näherzukommen. Die Eltern meiner Freundin Sabine waren verreist, sodass sie sturmfreie Bude hatte. Wir planten eine kleine Party im Partykeller von Sabines Eltern und kamen auf die Megaidee, ein Wettküssen zu veranstalten. Für uns alle war es der erste Kuss.

Nachdem Klaus fachmännisch (er war ja mein Held!) eine Flasche Sekt geöffnet und ausgeschenkt hatte, setzten sich Sabine, Dietmar, Angelika und Wilfried in die Hollywoodschaukel und klappten das »Dach« nach vorn. Klaus und ich konnten die anderen nun nicht mehr sehen – sie uns allerdings auch nicht.

Klaus saß auf einem Stuhl und deutete mit der Hand auf seinen Schoß. Ich verstand die Einladung sofort und fiel vor Glück fast in Ohnmacht, denn seit Wochen hatte ich heimlich davon geträumt, in seine Arme zu sinken. Ich setzte mich also auf seinen Schoß und erlebte meinen ersten richtigen Kuss – am 11.02.1967 um 15 Uhr! Wir knutschten bis 18 Uhr, um 18.30 Uhr musste ich zu Hause sein. An diesem Tag schwebte ich wie auf Wolken nach Hause.

Ein paar Wochen später gab es wieder eine kleine Party, dieses Mal bei mir zu Hause. Sabine durfte allerdings nicht kommen, weil ihre Eltern wollten, dass sie für die Schule lernte – wir alle hatten in den letzten Wochen nur noch ans Küssen gedacht und fielen in der Schule nicht gerade durch Glanzleistungen auf. Und auch Klaus musste leider absagen, weil er plötzlich krank geworden war.

Da waren wir nun zu viert: Angelika, Wilfried, Dietmar und ich. Und weil wir doch wieder ein Wettküssen veranstalten wollten – was lag da näher, als dass einfach Dietmar und ich … So dusselig, wie ich damals war, dachte ich mir gar nichts dabei. Du fragst dich jetzt wahrscheinlich: Wie blöd kann man denn sein? Tja, da hast du wohl recht.

Als Klaus wieder gesund war und in die Schule kam, erfuhr er natürlich sofort, was vorgefallen war. Ich sehe ihn noch genau vor mir, wie er auf seinem Fahrrad sitzt und zu mir sagt: »Das war's ja wohl mit uns.«

War das eine Sch…! Ich hatte nicht eine Sekunde lang meinen Kopf eingeschaltet. Nun hatte ich den Salat, Klaus war weg!

Monatelang trauerte ich in meinem Zimmer. Roy Black sang mir ins Ohr »Irgendjemand liebt auch dich« und die englische Gruppe Dave Dee & Co. sang »Touch me!«. Abends legte ich eine Wolldecke vor den Spalt unter meiner Zimmertür, damit mein strenger Vater nicht sehen konnte, dass ich noch wach war, bei Kerzenlicht Musik hörte und mir dabei die Augen aus dem Kopf heulte.

Um mich herum sah ich nur Feinde und doofe Erwachsene, die kein Verständnis für mich zeigten. Dieses Gefühl der Einsamkeit werde ich nie vergessen – eine Mischung aus schlechtem Gewissen und Selbstzweifel machte sich breit. Klaus wollte mich nicht mehr!

Insgesamt habe ich acht Monate um ihn getrauert. Es war eine schreckliche Zeit! Dieses grauenvolle Gefühl, nicht verstanden zu werden, sich so schrecklich alleine zu fühlen und den Liebsten in den Armen einer Klassenkameradin zu sehen. »Diese Schlampe aus der Parallelklasse …«, habe ich damals gedacht.

Überhaupt drehte sich jeder Gedanke Tag und Nacht nur um Klaus. Ich hatte keinen Hunger und genoss das Gefühl auch noch, mich durch Essensentzug zu bestrafen. Bei jeder passenden und unpassenden Gelegenheit flossen die Tränen. Sogar meine Großeltern machten sich Sorgen und fragten mich immer wieder, warum ich auf einmal so sensibel sei.

Doch in meinem Kopf hatten einzig und allein die Fragen Platz, die immer und immer wieder hochkamen: Warum verzeiht er mir nicht? Bin ich zu hässlich? Was hat die andere, was ich nicht habe? Hat er mich anfangs mit seinen Gefühlen nur verarscht? Warum liebt mich keiner? Werde ich mich je wieder verlieben? Wann hört der Schmerz endlich auf? Ich möchte nicht mehr leben. Es hat doch sowieso alles keinen Sinn.

Und zu allem Überfluss kam noch der andere »Feind« hinzu, mit dem ich zu kämpfen hatte – meine Eltern. Sie hatten überhaupt kein Verständnis für mich und waren wie immer mit sich und ihrer kaputten Ehe beschäftigt. Kurz und gut: Keine Sau war für mich da.

Das war wirklich eine schlimme Zeit für mich. Doch die gute Nachricht lautet: Sie ging vorüber. Etwa fünf Jahre später war ich mit Dietmar sogar ein Jahr lang fest liiert. So bekam die Geschichte im Nachhinein sogar noch einen Sinn.

Warum der erste Liebeskummer besonders schlimm ist

Die äußeren Umstände können ganz und gar anders sein – doch dieses unendlich trostlose Gefühl, das wir Liebeskummer nennen, erleben die meisten Menschen in ganz ähnlicher Weise. Das gilt nicht nur für Teenager, sondern für jede Altersgruppe. Niemand ist davor geschützt.

Und doch bist du besonders schlimm dran, wenn du zum ersten Mal unter Liebeskummer leidest. Das hat mehrere Gründe:

- ♥ Du erlebst diese Situation zum ersten Mal. Vielleicht hast du den Gefühlssturm noch gar nicht verdaut, den das erste Verliebtsein in dir hervorgerufen hat. Und nun musst du schon mit dem anderen Extrem fertigwerden. Du fühlst dich total orientierungslos.
- ♥ Du hast noch nicht die Erfahrung gemacht, dass Liebeskummer irgendwann wieder vorbeigeht, und denkst, dass du für den Rest deines Lebens unglücklich sein wirst.
- ♥ Du fühlst dich als Opfer deiner Gefühle, brichst womöglich bei jeder Gelegenheit in Tränen aus und musst auch noch die Scham darüber ertragen.
- ♥ Dein Selbstwertgefühl sinkt in den Keller, weil du vielleicht zum ersten Mal bewusst die Erfahrung machst, abgewiesen zu werden.
- ♥ Während Erwachsene selbst entscheiden können, zum Arzt zu gehen und sich krankschreiben zu lassen, darfst du nicht einfach von der Schule wegbleiben, obwohl du fix und fertig bist. Dabei kannst du dich in der Schule sowieso keine Sekunde konzentrieren.
- ♥ Und dann musst du auch noch mit deinen Eltern fertigwerden, obwohl du schon mit dir selbst genug zu tun hast. Entweder du musst ihnen verheimlichen, wie es dir geht, weil sie »ausflippen« würden, wenn sie wüssten, dass du überhaupt schon mit jemandem zu-

sammen warst. Oder sie nerven mit ihren peinlichen Aufmunterungsversuchen, statt dich einfach in Ruhe trauern zu lassen.

♥ Und überhaupt neigen Erwachsene dazu, den Liebeskummer von Teenagern nicht ernst zu nehmen. So, wie sie vielleicht schon das Verliebtsein zuvor als belanglose Schwärmerei abgetan haben, so denken sie auch jetzt, dass es sich bloß um eine kleine Verstimmung handelt, die irgendwas mit der Pubertät zu tun hat.

Wie Lena ihren ersten Liebeskummer erlebt hat, beschreibt sie in der folgenden Geschichte. Vielleicht findest du darin ja sogar einiges von deinen eigenen Erfahrungen wieder.

Die Geschichte von Lena

Bei meiner ersten Erfahrung – und Enttäuschung – mit dem männlichen Geschlecht war ich gerade 14 Jahre alt und in der Schule eine absolute Außenseiterin. Und besonders Jungs interessierten sich null für mich. Ich mich für sie allerdings auch noch nicht wirklich. Irgendwie waren alle Klassenkameraden für mich gleich und vor allem doof.

Ich komme aus einer Metzgerfamilie. Irgendwann kriegten die Jungs das mit und haben sich allmählich dafür interessiert, welche gute Wurst auf meinen Pausenbroten war. Oft machten wir dann Tauschgeschäfte, z. B. Mortadellabrot gegen ein Snickers.

Die Mädels in der Klasse waren davon nicht so begeis-

tert und haben mich entsprechend geschnitten. Außerdem war ich auch noch eine von denen, die schon immer einen eigenen Kopf hatten und den auch einsetzten. Damit war die Gefahr, die anderen zu nerven, ziemlich groß. Mich interessierten einfach viele Dinge und so hatte ich immer noch ein paar Fragen mehr als die anderen im Unterricht. Logisch, dass ich den Stempel der »Streberin« aufgedrückt bekam.

Ich war also ziemlich oft alleine.

Durch ein Projekt in der Schule freundete ich mich dann aber überraschenderweise mit Gesa an, dem beliebtesten Mädchen aus der Klasse!

Mutter Ärztin, Vater Ingenieur. Sie war groß, blond, hatte gute Noten und als Freund den heißesten Typen aus der Oberstufe, Kai Förster. Auch er groß und blond, der Typ »Sunnyboy« eben.

Irgendwie wurden Gesa und ich gute Freundinnen, und das Beste daran war, dass es uns egal war, wenn die anderen in der Klasse blöde Sprüche machten. Ist ja klar, dass ich über meine Freundschaft mit Gesa auch ihren Kai besser kennenlernte. Oft traf ich ihn abends beim Laufen oder Radfahren, wenn er mit seinem Hund eine Runde Gassi ging. Nach einer Weile wurden unsere Zusammentreffen fast schon zu einem kleinen Ritual.

Gesa und er haben sich während dieser Zeit ziemlich oft gestritten. Eine Woche waren sie ein glückliches Pärchen, die nächste Woche haben sie sich getrennt. So ging das ewig hin und her.

Nach zwei weiteren Monaten hat es dann richtig gekracht bei den beiden und die darauf folgende Trennung war endgültig.

Für mich änderte das aber nichts an meinem Rhythmus: Nachmittags mit Gesa lernen und abends mit Kai den Hund spazieren führen. Irgendwann kam Kai dann auch bei uns zu Hause vorbei und hat mich abgeholt. Eigentlich war das ganz nett und ich merkte irgendwie auch immer eine Vorfreude auf den Spaziergang.

Nach drei oder vier Wochen kam dann der Klassiker. In der Mittagspause auf dem Schulhof kam ein Junge aus der Oberstufe auf mich zu und fragte mich, ob ich mit Kai »gehen« möchte. Hm – ich hatte keine Ahnung, was er eigentlich damit meinte. Aber da ich ja eh fast jeden Abend mit ihm unterwegs war, sagte ich einfach Ja. Und von da an hatte ich einen Freund. Meinen ersten Freund.

Das Dumme war nur, ich hatte immer noch keine Ahnung, was es nun wirklich bedeutet, mit einem Jungen zu »gehen«. Ich wusste, was Sex war, theoretisch, aber nicht, was Liebe ist. Ich merkte nur, dass meine Welt sich verändert hatte und ja, ich hatte auch Schmetterlinge und ein Kribbeln im Bauch, wenn er den Arm um mich legte.

Das dümmliche Dauergrinsen ging mir nicht mehr aus dem Gesicht.

Nach einer Woche lud er mich dann ins Kino ein. »Fluch der Karibik« war gerade angelaufen. Wir hatten so ein altes Kino, mit gepolsterten Doppelsitzen in den letzten Reihen.

Schön kuschelig. Und da habe ich meinen ersten Zungenkuss bekommen. Mann, war das komisch. Ich wusste gar nicht so richtig, was ich machen sollte, und merkte auch, wie ich mich versteifte und ganz und gar nicht locker war. Aber nach ungefähr der Hälfte des Films hatte ich den Bogen raus und es kribbelte bis in die Zehenspitzen.

An dem darauffolgenden Wochenende hat Kai mich dann zu sich nach Hause eingeladen. Wir haben mit seinem Vater Kaffee getrunken und Kuchen gegessen und sind dann zum »Musikhören« in sein Zimmer gegangen. Hm, zuerst Knutschen, dann Fummeln und irgendwie lag ich dann auf einmal auf seinem Bett und er über mir.

Ich wusste nichts, aber auch gar nichts, weder wie und wo ich ihn berühren sollte noch hat er mir irgendwie zu verstehen gegeben, was er sich wirklich vorstellte. Mir war heiß und kalt und mein Herz klopfte bis zum Hals. Halb nackt ist er dann nach einer halben Stunde ins Bad verschwunden. Danach war alles wie vorher, ein bisschen Knutschen usw.

Ich zog mich dann irgendwann wieder vollständig an und er hat mich noch zur Wohnungstür gebracht und mich mit einem flüchtigen Kuss verabschiedet.

Das war also meine erste sexuelle Begegnung mit dem männlichen Körper. Ziemlich verwirrt bin ich nach Hause gegangen und habe mich die ganze Zeit gefragt, was da schiefgelaufen ist. Denn theoretisch wusste ich, dass wir auf der Hälfte der Strecke stehen geblieben sind.

Heute weiß ich, er war wesentlich schneller als ich und musste sich wohl im Bad erst mal selbst befriedigen. Aber wie Jungs eben so sind, sagen sie nix und lassen die Mädels verwirrt zurück.

Ein, zwei Wochen waren wir dann noch zusammen, ohne dass wir noch mal versucht hätten, miteinander zu schlafen.

Eines Morgens in der Schule fragte Gesa mich, ob ich denn wirklich in Kai verliebt sei. Sie habe sich die letzten Tage öfters mit ihm getroffen und eigentlich habe sie ihn immer noch sehr lieb und würde ihn gern zurückhaben. Er sehe das auch so. Hm. Und was macht Lena? Sie sagt: »Macht ihr mal.« Ich weiß noch, dass wir anschließend Kunstunterricht hatten und ich so zittrig war, dass ich nicht einen einzigen ordentlichen Strich zustande brachte.

Ich war traurig und wütend, weil er nicht mit mir gesprochen, sondern einfach Gesa vorgeschickt hatte. Und ich dachte außerdem, keiner will mich und schon klar, dass er lieber mit ihr zusammen ist als mit so einem Blindgänger wie mir. Ich habe mir die ganze Schuld gegeben.

Zu Hause habe ich mich in mein Zimmer eingeschlossen und geheult. Tagelang habe ich kaum gesprochen. Und wenn Gesa mich fragte, wie es mir denn gehe, habe ich immer nur gesagt: »Gut, danke.« In der Schule haben mich einige mitleidig angesehen und andere waren einfach nur eklig und meinten, dass mir das zu Recht geschehe. Es war, als hätte ich eine Quittung bekommen – ich wusste nur nicht wofür und fühlte mich sterbenselend. Am liebsten wäre ich nie wieder in die Schule gegangen. Mein Leben bestand zu dieser Zeit nur aus Heulen und Lernen. Das verschaffte mir irgendwie Ablenkung und ich hatte das Gefühl, den Schmerz in meiner Herz- und Bauchgegend auf diese Weise betäuben zu können.

Ich dachte damals wirklich, dass ich mich nie wieder in einen Jungen verknallen könnte – und umgekehrt keiner sich in mich. Heute weiß ich es aber besser. Gesa ist im Jahr nach dieser doofen Geschichte auf eine andere Schule gewechselt. Und Kai und sie haben sich wieder getrennt. Ungefähr zum zehnten Mal.

Er stand dann auch irgendwann mal wieder bei mir vor der Tür und wollte mit mir reden. Aber ich war immer noch sauer und verletzt und sagte, ich hätte keine Zeit. Dann habe ich ihm die Tür vor der Nase zugeschlagen. Ich muss zugeben – das fühlte sich unglaublich gut an. In diesem Moment habe ich viel von meiner Wut verloren.

In Lenas Geschichte kommen zwei Aspekte besonders unglücklich zusammen: der erste Liebeskummer und eine ganz große Portion Unwissenheit. Sie bezieht die Ereignisse ausschließlich auf sich selbst und denkt: Ich wurde verlassen, weil ich dumm und hässlich bin, nicht gut genug im Bett war, weil meine Eltern »nur« Metzger sind ... Sie fühlt sich »übrig geblieben« und einsam. Kurz: Lenas Selbstwertgefühl ist völlig am Boden.

Wahrscheinlich hätte sie sich ohne Mühe unter jedem Teppich verstecken können, so klein und nichtig fühlte sie sich. Kein Wunder, dass sie glaubte, es würde sich nie wieder jemand in sie verlieben – sie liebte sich ja selbst kaum noch in dieser Situation. »Nur wenn du dich selbst liebst, werden es auch andere tun« – in diesem Spruch liegt schon sehr viel Wahrheit, und besonders in Krisen ist es hilfreich, sich das hin und wieder vor Augen zu führen.

Was Lena in dieser Situation sicherlich gutgetan hätte: etwas mehr Verständnis und Nachsicht für sich selbst. Statt sich etwas Gutes zu tun und sich im wahrsten Sinne des Wortes zu trösten, hat sie sich abgelenkt und versucht, alles zu verdrängen. Da ihre beste Freundin Gesa auch noch selbst in die Geschichte involviert war, konnte sie nicht einmal ihr gegenüber ihr Herz ausschütten.

Andererseits kam Lena gar nicht auf die Idee, sich einmal in Kai hineinzuversetzen. Denn der war ja offenbar mit seinen eigenen Gefühlen vollkommen überfordert und dachte wahrscheinlich auch, dass er im Bett etwas falsch gemacht hatte. Gerade bei den ersten sexuellen Erfahrungen können Scham und Ängste so gewaltig sein, dass man lieber die Flucht ergreift, anstatt einfach mal mit dem anderen darüber zu sprechen. Lena und Kai waren beide offenbar nicht richtig aufgeklärt, so wurde das »Abenteuer Sex« für sie zu einer großen Hürde.

Ich kann dir in diesem Zusammenhang nur raten, dich mit intimen Fragen unbedingt an einen vertrauten Erwachsenen zu wenden – wer auch immer das ist. So wirst du dich, wenn du deine eigenen ersten Erfahrungen mit Sexualität machst, auf jeden Fall sicherer fühlen. Und: Zögere nicht, deinen Freund bzw. deine Freundin anzusprechen, wenn dir irgendetwas komisch vorkommt zwischen euch. Eine Beziehung zu haben, heißt schließlich nicht nur, Sexualität miteinander zu teilen, sondern auch miteinander zu reden und sich dem anderen anzuvertrauen.

Lena und Kai haben genau das nicht getan. Stattdessen hat Kai sich auf sein vertrautes Terrain zurückgezogen, indem er zu Gesa zurückgegangen ist. Dort standen die Spielregeln wahrscheinlich einfach schon fest und erschienen ihm weniger gefährlich. Außerdem konnte er sein schlechtes Gewissen Gesa gegenüber glattbügeln.

Lena hat den letzten Rest ihres eigenen Selbstwertgefühls gerettet, als sie Kai später die Tür vor der Nase zugeschlagen hat. Endlich war sie an der Reihe, das Zepter in der Hand zu halten und die Situation aktiv zu kontrollieren. Das war ein großer Schritt in Richtung Heilung.

Was passiert bei Liebeskummer?

Eine emotionale Ausnahmesituation

Love is all around, so singen Wet Wet Wet – und so fühlen wir uns auch, wenn wir verliebt sind. Unsere Gedanken kreisen nur noch um den geliebten Menschen und wir schweben vor lauter Glück immer ein paar Zentimeter über dem Boden. So ist es nur logisch, dass wir das Gefühl haben, ungebremst auf einen Betonboden zu knallen, wenn dann alles aus ist. Unsere Seele ist so sehr verletzt, dass wir uns auch körperlich krank fühlen. Die Symptome sind dann so verschieden und vielfältig wie die Menschen, die sie erleben. Bei einigen Menschen ist der Liebeskummer besonders schlimm, sodass sie sogar ärztliche Hilfe brauchen. Wie kommt das?

Zunächst einmal spielt es eine wichtige Rolle, dass man in einer Liebesbeziehung ja nicht nur liebt, sondern auch »zurückgeliebt« wird. Dadurch entsteht in uns das Gefühl, vollkommen und mit der Freundin oder dem Freund eins zu sein. Und mit diesem Gefühl wird ein ganz großer, tiefer Wunsch erfüllt, der in uns Menschen steckt. Wir fühlen uns fast wie damals als Baby auf dem Arm unserer Mutter.

Vielleicht denkst du jetzt, dass das komisch oder sogar lächerlich klingt, aber tatsächlich ist diese Erinnerung unbewusst in allen Menschen verwurzelt, das heißt, jedem geht es in dieser Situation so. Wenn es nun zur Trennung kommt, verliert unsere Seele dieses zufriedene, selige »Baby-Gefühl«, und wir fühlen uns wieder so unendlich allein wie damals als Kind, als wir lernen mussten, allmählich ohne unsere Mutter klarzukommen. Auch das ist bei jedem Menschen ein Prozess, der wehtut. Wir sind uns dessen zwar nicht bewusst, aber unsere Seele kann sich daran noch gut erinnern.

Ein weiterer Grund, weshalb wir bei Liebeskummer in ein so tiefes Loch fallen, ist: Wir lieben *uns selbst* auf einmal nicht mehr so wie zuvor. Du erinnerst dich bestimmt: Als du noch auf Wolke 7 geschwebt bist, hast du dich schön gefühlt. Du hast ja auch einfach toll ausgesehen – die Haare saßen perfekt, deine Haut war womöglich viel reiner als sonst, du hattest immer gute Laune und hast damit sogar andere angesteckt. Vielleicht bist du anderen aufgefallen und wurdest öfter angebaggert. Mieses Wetter konnte deiner Stimmung nichts anhaben und selbst über deinen blöden Mathe- oder Bio- oder Geschichtslehrer hast du dich nicht mehr geärgert. Nichts brachte dich aus der Ruhe. Alles klappte, und wenn doch mal etwas schiefging – egal, denn es gab ja kein Problem, das nicht gelöst werden konnte oder wirklich wichtig war. In der Schule oder bei der Ausbildung lief alles rund. Du warst zufrieden mit dir und der Welt, denn dein Selbstwertgefühl war so richtig hochgepusht. Kurz: Du warst soooo glücklich.

Und plötzlich ändert sich alles. Von ganz oben fällst du nach ganz unten. All das Schöne, das deine Verliebtheit dir geschenkt hat, dreht sich nun um 180 Grad und ist nur noch Mist. Du fühlst dich klein und hässlich, und tatsächlich ist diese Ausstrahlung futsch, die bis vor Kurzem noch deine ganze Umgebung begeistert hat. Mit deinen Haaren ist nichts mehr anzufangen und vielleicht zeigt auch deine Haut deutlich, wie es dir gerade geht. Niemand dreht sich mehr nach dir um. Nichts klappt, und dein Mathelehrer ist ein noch größerer Idiot als jemals zuvor, der es nur auf dich abgesehen hat. Dir ist einfach nur nach Heulen zumute und tatsächlich lässt dich jede Kleinigkeit in Tränen ausbrechen. Dein Selbstwertgefühl ist total den Bach runtergegangen.

All das hat natürlich Folgen:

Du hast keinen Appetit und isst nichts. Du kannst nicht mehr schlafen, auch wenn du vom Weinen schon vollkommen erschöpft bist. Trotzdem fordern der Alltag und deine Umgebung, dass du funktionierst. Aber ohne genügend Nahrung und Schlaf kann das nicht gehen und so schaukelt sich beides gegenseitig hoch: Durch deine Müdigkeit und die tiefe Traurigkeit gelingt es dir nicht, dich zu konzentrieren. Weil du nicht isst, bist auch körperlich schwach und angeschlagen. Das führt dazu, dass ganz alltägliche Dinge plötzlich zu Aufgaben werden, die du nicht mehr bewältigten kannst (zumindest kommt es dir so vor). Dir ist eigentlich alles zu viel, du kriegst nichts mehr geregelt. Und das drückt dein ohnehin angeschlagenes Selbstbewusstsein noch weiter nach unten. Du fühlst dich wie der größte Loser überhaupt. Und isst und schläfst noch weniger. Du drehst dich im Kreis.

Zu allem Übel gibt es gegen dieses Gefühl keine Medizin. Keine Tablette wie bei Kopfschmerzen, keine heiße Zitrone wie bei einer Erkältung kann hier helfen. Die Ursachen liegen ja auch ganz woanders: Es ist die Seele, die gerade am Boden liegt und die, wenn es ganz schlimm kommt, in eine echte Depression versinken kann. In diesem Extremfall nützen auch die besten Ratschläge oder mitfühlendsten Umarmungen nichts mehr. Dann hilft nur noch ein Arzt, der auf dieses Leiden spezialisiert ist.

Und während du vor dich hin leidest, ist dein Kopf voller quälender Fragen: Warum hat er oder sie mich verlassen? Habe ich etwas falsch gemacht? Hätte ich irgendwas tun können, um DAS zu verhindern? Warum habe ich nur dies oder jenes getan? Oder warum habe ich dies oder jenes *nicht* getan? Diese Fragen sind meistens so unerträglich, dass man anfängt, völlig bekloppte Ideen auszubrüten, wie man ihn oder sie wieder zurückgewinnen kann. Am liebsten möchte man die Zeit zurückdrehen, damit das alles gar nicht wahr ist. Denn schlimmer als im Moment kann es nicht mehr kommen. Unsere Traurigkeit und der Druck, der auf unserer Seele liegt, sind jetzt am allergrößten.

Diese »Hölle« hat auch der Autor Sebastian Erxleben durchlitten, als er das erste Mal von einem Mädchen verlassen wurde. Erst der emotionale Höhenflug – dann der Absturz in ein tiefes schwarzes Loch. Wie er sich am Ende daraus befreite, erzählt er in der folgenden Geschichte.

Die Geschichte von Sebastian Erxleben

Ich war gerade 14 Jahre alt, als sie von der Klassenlehrerin als neue Schülerin vorgestellt wurde. Ihr Name war Stefanie und sie raubte uns Jungen von Beginn an den Atem. Ihre langen blonden Haare, die enge Jeans und das rückenfreie Top waren auf dem Pausenhof Thema Nummer 1. Und obwohl ich damals mit Maria ging, drehten sich meine Gedanken nur noch um Stefanie. Zu meinem Glück wurde Maria ihre beste Freundin, sodass ich zumindest ungezwungen einige Worte mir ihr wechseln konnte.

Das erste Mal im Leben spürte ich einen Stich im Herzen, als mir Stefanie mit Marco, dem Tischtennisprofi unserer Dorfschule, entgegenkam. Ein bisher unbekannter Gefühlsmix aus Eifersucht und Verlangen stellte sich bei mir ein. In der Englischstunde saß dieser Engel vor mir, und sein Parfüm war dafür verantwortlich, dass ich mir keine Vokabel merken konnte.

Langsam wurde mir bewusst, dass ich mich in sie verliebt hatte. Deshalb tat es gar nicht weh, als Maria unsere Beziehung offiziell beendete. In meinem Herzen und in meinem Kopf gab es sowieso nur noch ein Gefühl und einen Gedanken: Stefanie.

Irgendwie schien ich auch ihr Interesse geweckt zu haben. Eines Tages kam sie auf mich zu und steckte mir einen Zettel zu. Darauf stand, dass sie mich mag und gerne mit mir zusammen sein möchte. Die möglichen Antworten waren darauf auch gleich vorgegeben: »ja«, »nein« oder »vielleicht«. Mit zugeschnürter Kehle, zittrigen Händen und Gummiknien gab ich ihn ihr zurück. Meine Antwort hatte ich mit einem Textmarker hervorgehoben, mit einem Filzstift einen Kreis darum gemalt und dahinter ein Ausrufezeichen gesetzt, damit es ganz, ganz klar war. Sie lautete natürlich »JA!«.

Den Weg nach Hause bin ich geschwebt. Ich fühlte die Straße unter meinen Füßen nicht mehr. Der Himmel war noch nie so blau und die Sonne schien das erste Mal so hell. In mir kreiste eine Achterbahn, die in meinem Bauch eine Extrarunde drehte. Das schönste Mädchen der Schule war meine Freundin und ich der glücklichste Junge der Welt!

Mein emotionaler Höhenflug endete nur wenige Tage später. Nach einigen Liebesbriefen teilte sie mir mit, dass sie mich eigentlich doch für einen Idioten hielt und bereits mit einem anderen zusammen sei. In mir zog sich alles zusammen und ich begann hemmungslos zu weinen. Die ganze Nacht suchte ich verzweifelt und enttäuscht nach einem Grund, warum ich so schnell wieder uninteressant für sie geworden war. Aber ich fand keinen.

Jeden Morgen begegneten wir uns am Schuleingang und setzten uns fast nebeneinander in die Bänke. Ihr Anblick, ihr Geruch und ihre Stimme begannen mich täglich zu foltern. Die Schule wurde zur Hölle und das Klassenzimmer zu meiner Folterkammer. Der Liebeskummer ergriff vollständig Besitz von mir. Ich war nicht mehr in der Lage, dem Unterricht zu folgen und mir etwas zu merken. Statt Hausaufgaben zu machen, schrieb ich ihr weiterhin Liebesbriefe, auf die ich natürlich nie eine Antwort erhielt.

Dann kam der Stress mit meiner Klassenlehrerin wegen meines Halbjahreszeugnisses. Ich war fast überall um zwei Noten abgestürzt und meine Versetzung in die Oberstufe war akut gefährdet. Da mein Ehrgeiz tot war, nahm ich die Dreien und Vieren ziemlich gleichgültig hin. Mein Vater reagierte ganz anders darauf. Tiefe Falten in seiner Stirn ließen erkennen, dass er meiner Zukunft mit Sorge entgegensah.

Das neue Schuljahr begann, wie das alte aufgehört hatte: mit Stefanie. Die sechs Wochen Ferien hatten lange nicht ausgereicht, um sie aus meinem Herzen zu verdrängen. Jeder Brief, den sie vor meinen Augen einem anderen gab, steckte als Pfeil darin. Ich war nur einer von vielen. Offenbar verschwendete sie keinen Gedanken mehr an mich. Meine Wut darüber wurde langsam, aber sicher größer.

Anfang Dezember stand meine innere Anspannung kurz vor dem Zerreißen und ich wusste: Irgendetwas muss jetzt passieren. Zwischen zwei Schulstunden fing ich sie auf dem Flur ab und gab ihr das letzte Mal einen Brief. Darin stand, dass ich ihre Demütigungen satthatte und sie zumindest heute nur noch an mich denken würde. Sie lächelte mich ganz cool von oben herab an, zerriss den Brief und

warf die Schnipsel im Vorübergehen in den nächsten Müll-
eimer. Da hatte ich endgültig die Schnauze voll.

Ich nahm meine Jacke vom Haken und ging zu meinem
Fahrrad. Es regnete dünne Bindfäden und die Temperatur
lag nur leicht über dem Gefrierpunkt. Dennoch spürte ich
weder Kälte noch Nässe. Ich schwang mich auf den Sattel
und begann zu treten. Nach wenigen Minuten erreichte ich
den Ortsausgang und überquerte die Bahnschienen.

Ein Ziel hatte ich nicht, ich wollte nur weg von Stefanie
und dem Schmerz. Mehr als 30 Kilometer später spürte ich
weder meine Hände noch Ohren oder Nase. Der Schnee-
regen durchdrang meine Kleidung und der Schmerz von
außen löste den von innen ab. Am Bahnhof der nächsten
Kreisstadt verließ mich meine Kraft.

Völlig erschöpft und verdreckt setzte ich mich in die
Wartehalle. Ein Mitarbeiter der Bahn kam auf mich zu, und
weil ich so fix und fertig war, erzählte ich ihm alles. Auf dem
Bahnhof war nichts los, er hatte also Zeit, hörte mir zu und
machte uns einen Tee. Seine verständnisvollen Worte und
der warme Tee haben dann tatsächlich meine Lebensgeis-
ter wieder geweckt. Und plötzlich merkte ich: Das Rennen
gegen den Liebeskummer hatte ich gewonnen. Irgendwo
auf der Strecke musste ich ihn abgehängt haben.

Ich hatte zum ersten Mal seit Langem wieder das Ge-
fühl, klar denken zu können, und fragte mich, wie wohl die
Lehrer und Mitschüler über meinen Ausflug denken wür-
den. Außerdem konnte ich mir vorstellen, wie meine Eltern
darauf reagieren würden. Mit zitternden Händen wählte

ich unsere Nummer. Zwei Stunden später lud mein Vater das Fahrrad in den Kofferraum. Wir fuhren schweigend nach Hause, bis er plötzlich mit einer Lebensweisheit die Stille unterbrach: »Es gibt nicht nur eine Handvoll Frauen, sondern ein ganzes Land voll.«

Daheim angekommen, warteten in der Küche schon sechs Schulfreunde, die mir erzählten, was in der Zwischenzeit in der Schule passiert war – und das war einiges mehr, als ich gedacht hätte! Mein Verschwinden war nach der Pause natürlich aufgefallen und niemand konnte sich das erklären – bis auf Stefanie. Die Lehrer riefen sie ins Lehrerzimmer. Dort wartete schon die Polizei. Offenbar befürchteten alle, dass ich mir etwas antun würde. Damit hatte ich nicht gerechnet. Es erklärte allerdings die Hubschrauber sowie die Polizei- und Feuerwehrautos, die meine Fahrt begleitet hatten, ohne dass sie mich bemerkten.

Meine Freunde blieben bis in den späten Abend bei mir, sodass ich den Gedanken an den nächsten Schultag verdrängen konnte. Der verlief anders, als ich dachte. Viele der Jungs, die in Stefanie verliebt gewesen und genauso abserviert worden waren, kamen auf mich zu, klopften mir auf die Schulter und warfen mir bewundernde Blicke zu. Ich war ihr Rächer und der Robin Hood aller Liebeskummerkranken. Später habe ich sogar erfahren, dass Stefanie Maria dazu überredet hatte, mit mir Schluss zu machen.

Das Leben und Lieben ging weiter und von da ab auch wieder bergauf. Ich kam wieder in der Schule klar und be-

stand drei Jahre später mein Abitur. Kurz vor den Prüfungen schwor ich mir selbst, mich nie wieder von einer Frau so demütigen und entwürdigen zu lassen. Fast zwanzig Jahre hielt ich mich an meinen Eid. Doch das ist eine andere Geschichte, die ich in meinem Buch »Schmerz – eine Reise ins Liebeskummerland und zurück« niedergeschrieben habe.

Die Geschichte von Sebastian zieht wirklich alle Register, die der Liebeskummer zu bieten hat: das Gefühl der Enttäuschung, das Minderwertigkeitsgefühl und auch die Ernsthaftigkeit, mit der jeder große Liebeskummer behandelt werden sollte. Auch die schlechten Zensuren in der Schule sind bei Liebeskummer keine Seltenheit, denn die eigene Konzentration ist nur noch bei dem geliebten Menschen. Es fühlt sich fast so an wie bei einer Sucht: Man kommt einfach nicht dagegen an, an den anderen zu denken, selbst wenn man sich immer wieder vornimmt, es nicht zu tun.

Sebastians junge Seele ist schon völlig überfordert mit dem ersten Stich ins Herz, also damit, dass seine erste große Liebe ihn verlassen hat. Und dann kommt auch gleich noch das Gefühl der Eifersucht hinzu. Er muss mit ansehen, dass er »ersetzbar« ist, denn Stefanie hat sofort nach der Trennung einen anderen Jungen an der Angel. Beides zusammen ist ganz schön heftig!

Sebastian hat richtig gehandelt, indem er Stefanie im Flur abgefangen und versucht hat, noch mal alles zu kitten. Leider ohne Erfolg, aber dafür musste er sich hinterher auch nicht vorwerfen, es nicht wenigstens versucht zu haben. Und nach diesem letzten »Abschuss« bewies er ein gutes Gefühl für den richtigen Weg. Er ist einfach aufs Rad gestiegen und hat alles an Wut und Frust rausgelassen, was in seinem Körper steckte. So hatte die Radtour einen durchschlagenden Therapieeffekt.

Bei Sebastian zu Hause hatte man die Ernsthaftigkeit der Lage offenbar irgendwie gespürt. Dass seine Eltern, seine Lehrer und seine Freunde sich so große Sorgen gemacht haben, spricht absolut für sie: So wusste Sebastian, dass er mit seinem Kummer ernst genommen wird und dass er ihnen etwas bedeutet. So eine liebevolle Atmosphäre ist genau das Heilmittel, das ein liebeskranker Mensch benötigt, um neuen Lebensmut zu schöpfen und das eigene Selbstwertgefühl ein wenig aufzupeppen. Sebastian hat es auf diese Weise geschafft, den Schmerz zu überwinden, und er machte die Erfahrung, dass auch der schlimmste Liebeskummer irgendwann vergeht. Als er viele Jahre später noch einmal an einem gebrochenen Herzen litt, nahm er diesen Zustand zum Anlass, ein wunderbares Buch mit Liebesgedichten zu schreiben.

Wenn deine Umgebung womöglich nicht so aufmerksam ist wie Sebastians, rate ich dir dringend, dich einem Lehrer, einem Arzt oder einem anderen Erwachsenen anzuvertrauen. Sich selbst etwas anzutun oder sich aus Verzweiflung in eine gefährliche Lage zu bringen, ist nämlich überhaupt keine Lösung!

Die fünf klassischen Phasen des Liebeskummers

Wie im vorangegangenen Abschnitt beschrieben, erleben wir die seelischen Extremzustände wie Verliebtheit und Liebeskummer auch körperlich. Das liegt daran, dass im Glückszustand bestimmte Hormone im Körper, sogenannte Endorphine, ausgeschüttet werden. Wenn das Glück aber sein Ende findet, endet auch diese Hormonausschüttung, sodass der Körper, vor allem aber die Seele, quasi »auf Entzug« gerät. Ein bisschen ist das so, als wenn einem Raucher die Zigaretten weggenommen werden.

Dieser »Entzugszustand« ist so schlimm, dass man alles versucht, um ihn zu beenden. Diese Versuche bestehen oft in sinnlosen Aktionen wie z. B. flehende Bettel-SMS oder Telefonterror, ja sogar Selbstmordgedanken – Dinge eben, die man später, wenn alles wieder »back to normal« ist, als peinlich empfindet und entsprechend bereut.

Diese hormonellen Schwankungen sind wissenschaftlich belegt. Und auch zu der Trauer – denn nichts anderes ist Liebeskummer – gibt es wissenschaftliche Untersuchungen. So hat die österreichische Psychologin Gerti Senger den Verlauf des Liebeskummers untersucht und herausgefunden, dass er in fünf Phasen verläuft:

Phase 1: Du hast das Gefühl, dass irgendetwas nicht in Ordnung ist.

Auch wenn du jetzt vielleicht spontan denkst: »Nein, so war das nicht!«, weil dich die Trennung vermeintlich kalt erwischt hat: Geh noch einmal in dich und überlege, ob da wirklich nichts war. Ob es nicht doch die eine oder andere Situation oder Bemerkung gab, die dir komisch vorgekommen ist. Vielleicht hat dein Liebster oder deine Liebste dir in letzter Zeit gar nicht mehr täglich vor dem Einschlafen eine SMS geschickt und das mit dem Stress begründet, den er oder sie gerade hat. Oder er/sie hatte neuerdings so viele Termine, dass ihr euch nur noch selten sehen konntet. Womöglich hattest du sogar körperliche Beschwerden, für die es eigentlich gar keinen Grund gab. Dann hast du schon psychosomatisch auf eine bedrohliche Veränderung reagiert, ohne dass es dir bewusst war.

Phase 2: Du fühlst dich wie vor den Kopf geschlagen.

Er oder sie hat dich verlassen. Wenn du dir auch vorher noch einreden konntest, dass da nichts sei – jetzt hast du Gewissheit und kannst dich nicht mehr selbst belügen: Dein Freund/deine Freundin ist definitiv weg. Und du weinst und weinst und weinst … In dieser Phase leidest du unter einem emotionalen Schock. Körperlich verursacht das enormen Stress, der quasi über deine Tränen abgebaut wird. Gleichzeitig macht dir dieser Schock Angst und du hast überhaupt keine Idee, wie du mit dieser fürchterlichen Situation umgehen sollst. Und am schlimmsten empfindest du vielleicht die Tatsache, dass du nichts, aber auch gar nichts tun kannst und vollkommen machtlos vor den Trümmern deiner Beziehung stehst.

Phase 3: Du versuchst, deine Beziehung zu retten.
Es gelingt dir noch nicht, diese Machtlosigkeit zu akzeptieren. Selbst wenn du jetzt schon weißt, dass es besser wäre, es zu lassen: Sobald du die erste Schockstarre überwunden hast, tust du alles, um diese unerträgliche Situation rückgängig zu machen – ganz gleich, wie sehr du dich dabei erniedrigst und deine eigene Würde vernachlässigst. So schlägst du vielleicht einen »Beziehungsurlaub« vor. Oder behauptest, du fändest es gar nicht so schlimm, wenn dein Freund/deine Freundin mal mit jemand anderem rumknutscht. Das gehöre doch dazu.

Du machst allerhand Kompromissvorschläge, obwohl sie im Grunde überhaupt nicht deiner Vorstellung von Beziehung entsprechen und du sie auf Dauer gar nicht aushalten könntest (und letztlich ja auch gar nicht wolltest). Möglicherweise versprichst du in deiner Verzweiflung sogar, dich zu ändern, auch wenn du weißt, dass all das Quatsch ist und eine solche Selbstaufgabe gar nicht gut wäre. Psychologisch muss man sich das ungefähr so vorstellen, als würde man Zeit schinden. Denn um Zeit geht es jetzt: Man braucht sie, um sich auf die neue Situation ohne Partner/in einzustellen und damit der Heilungsprozess beginnen kann.

Phase 4: Du kannst dir nichts mehr vormachen – es ist wirklich aus!

Irgendwann begreifst du: Das war's. Endgültig. Egal, was du angestellt hast, um das Ruder noch einmal herumzureißen, es hat nicht geklappt. Außer, dass du dich lächerlich gemacht hast, ist bei deinen Rettungsversuchen nichts herausgekommen. Wahrscheinlich hast du die ganze Zeit auch an dir selbst gezweifelt und dir Vorwürfe gemacht, bestimmte Dinge nicht besser im Griff zu haben. Vielleicht hast du auch einer anderen Person (zum Beispiel dem neuen Freund, der neuen Freundin deines/r Ex?) die ganze Schuld für die Trennung und für dein Elend gegeben. In ganz schweren Stunden war womöglich sogar der Gedanke an Selbstmord in deinem Kopf, weil selbst die alltäglichsten Sachen wie Essen, Schlafen, Schule nicht mehr klappten und du nur voll von Schmerz warst.

Doch wer ganz, ganz unten im tiefsten Tal steht, für den kann es nur bergauf gehen. Und dieser Weg nach oben bekommt häufig enorme Schubkraft. Es wird der Punkt kommen, da sprühst du vor Energie und Ideen, in der Schule läuft es wieder rund und du stellst einiges auf die Beine. Nicht nur dir geht es so: Berühmte Dichter haben früher in dieser Situation ihre besten Werke geschrieben, heutzutage entstammen die größten Hits von Popstars häufig einer solchen Phase.

Phase 5: Du findest dich mit der Trennung ab.
Über kurz oder lang wird es dir gelingen, die Trennung als endgültig anzuerkennen. Du suchst nicht mehr nach Ausflüchten oder Möglichkeiten, die Dinge zu ändern, sondern du weißt: Es ist einfach so und es lässt sich nicht mehr ändern. Es ist dieses Akzeptieren der Situation, die dich nun richtig trauern lässt. Du denkst immer noch und ständig an deine/n Ex, du hörst »eure« Lieder rauf und runter, du unternimmst Sachen, die ihr sonst gemeinsam unternommen habt ... Dein Umfeld empfindet dich jetzt vielleicht als besonders schwierig, weil du heute hü, morgen hott sagst. Mal willst du einfach nur allein in deinem Zimmer heulen, mal willst du unbedingt unter Leute. Das mag die anderen verwirren, es ist aber nicht schlimm. Dieses Verhalten ist einfach Ausdruck davon, dass du unbewusst schon versuchst, nun wieder als Einzelperson wahrgenommen zu werden. Allmählich heißt es für dich nicht mehr »wir«, sondern »ich« – und das ist ein schwieriger Prozess.

Irgendwann hast du keine Lust mehr, immer allein in deinem Zimmer zu weinen. Mit deinem/r besten Freund/in wirst du noch viel über deinen Kummer sprechen, aber immer öfter kannst du dich auch wieder auf andere Themen einlassen. Vielleicht bekommst du sogar Lust auf den einen oder anderen Flirt – und das ist auch gut so, denn für eine neue feste Beziehung ist es an dieser Stelle noch zu früh. Du bist ja gerade erst dabei, dich von deinem/r Ex loszulösen. Doch all dies sind kleine Schritte, die dich immer weiter wegführen von deinem Kummer und zugleich hin zu einer späteren neuen und glücklichen Partnerschaft.

Wie lange das alles dauert, kann niemand sagen, denn es gibt da keinen festen Zeitrahmen. So, wie die Symptome des Liebeskummers bei verschiedenen Menschen sehr verschieden sind, dauert auch die Verarbeitung des Trennungsschmerzes unterschiedlich lang. Ebenso spielt dein Geschlecht eine Rolle: Mädchen leiden meistens etwas länger als Jungen. Genaueres hierzu wirst du im nächsten Abschnitt finden. Und auch die Dauer eurer Beziehung ist hier nicht ohne Bedeutung. Es macht nämlich einen Unterschied, ob ihr nur vier Wochen oder schon zwei Jahre zusammen wart.

Grundsätzlich gilt, dass ab dem Zeitpunkt der Trennung jede durchlittene Stunde, ja sogar jede durchweinte Sekunde schon ein kleiner Schritt aus dem Schmerz heraus ist. Er wird mit jedem Tag, mit jeder Nacht etwas nachlassen, wenn auch in der ersten Zeit noch unmerklich. Wichtig ist, dass du akzeptierst, dass dieser Weg so lange dauert, wie er eben dauert. Natürlich kann es passieren, dass deine Familie oder dein Freundeskreis irgendwann der Meinung ist, dass es doch nun gut sei, oder dir rät, dich »mal zusammenzureißen«. Aber davon solltest du dich keinesfalls unter Druck setzen lassen. Im Prinzip kann man die gebrochene Seele mit einem gebrochenen Bein vergleichen – in beiden Fällen bringt Eile gar nichts, weil sie einfach nichts beschleunigen kann.

Aber es gibt natürlich unterschiedliche Möglichkeiten, diese Zeit des Schmerzes zu überwinden. Im dritten Kapitel dieses Buches wirst du Hinweise und Vorschläge finden, wie du dir selbst Gutes tun kannst und welche Erfahrungen du aus deinem Liebeskummer gewinnst. Denn eines darfst du nicht vergessen: In jeder noch so schlimmen Situation steckt etwas, was uns in unserem weiteren Leben helfen kann.

Die Geschichte von Julia

Meinen ersten richtigen Liebeskummer hatte ich, nachdem sich mein erster Freund von mir getrennt hatte. Das war vor zwei Jahren, da war ich 16.

Wir kannten uns, bevor wir zusammengekommen sind, schon sieben Monate aus der Schule und sind dann ein Paar geworden. Über die Monate hatten sich Gefühle entwickelt und wir hatten acht Monate lang eine super Zeit.

Bis zu dem Moment, als er mir per Mail mitteilte, er hätte keine Gefühle mehr für mich, und dass er sich deswegen von mir trennen würde. Das war, als hätte mir jemand mit einer Eisenstange eins über den Kopf gegeben. Ich saß wie gelähmt vor dem Rechner und wusste gar nicht, was ich zuerst denken sollte. Einerseits war ich soooo sauer, dass er nicht mal den Mut gehabt hatte, mir das mündlich und ins Gesicht zu sagen. Andererseits fiel ich gleichzeitig in ein ganz tiefes Loch von Schmerz und Trauer, und dieses Gefühl überwog dann auch. Es tat so weh, dass ich manchmal dachte, ich könnte nicht mehr atmen. Ich konnte kaum es-

sen und in der Schule war auch nichts mehr mit mir los. Ich konnte mich einfach nicht konzentrieren, weil sich meine Gedanken immer nur um Ben und das »WARUM?« drehten.

Ich habe der Beziehung bestimmt ein halbes Jahr lang nachgetrauert und konnte einfach nicht glauben, dass es wirklich das ist, was er will. Ich wollte es nicht wahrhaben und habe immer wieder neue Erklärungen gesucht. Ich habe mir eingeredet, dass seine Eltern ihn bestimmt beeinflusst hatten und er deswegen Schluss gemacht hat, was totaler Quatsch war, da seine Eltern und ich uns immer gut verstanden hatten. Aber ich war so verdammt ratlos und konnte einfach nicht glauben, dass sich seine Gefühle in ein Nichts verwandelt haben sollten, denn MEINE Gefühle waren doch noch da!

In diesem halben Jahr habe ich auch immer wieder versucht, ihn mit allen möglichen und vor allem unmöglichen Mitteln umzustimmen. Und als das nicht klappte, wollte ich wenigstens die Freundschaft aufrechterhalten. Hauptsache, ich war in seiner Nähe und konnte den Kontakt zu ihm halten.

Das war natürlich ein Riesenfehler, denn es änderte nichts an der Situation, und als ich später wieder ehrlich zu mir selbst sein konnte, erkannte ich, dass ich mir ganz schön was in die Tasche gelogen hatte – denn Freundschaft allein war es ja gar nicht, was ich wollte. Ein ordentlicher Selbstbetrug also. Dazu kam der nicht enden wollende Versuch, einen Grund für dieses Ende zu finden. Einen Grund,

den ich nachvollziehen und verstehen konnte. Dieses
»keine Gefühle mehr« für mich, das konnte und wollte ich
einfach nicht glauben, obwohl es die Wahrheit gewesen
war. Aber das zu erkennen, dazu war ich erst sehr viel spä-
ter fähig.

Wenn ich damals nicht meine Freundinnen gehabt
hätte, die mir immer und immer wieder zugehört und gera-
ten haben, den Kontakt (zumindest vorläufig) komplett ab-
zubrechen – ich weiß nicht, wie lange ich ihm noch nach-
geweint hätte. Damals fand ich den Rat natürlich ganz
schlecht, habe ihn aber Gott sei Dank befolgt, weil ich mich
auch nicht weiter zum Affen machen wollte.

Heute weiß ich aber, dass der Kontaktabbruch das Beste
war, was ich zu der Zeit machen konnte, um über das Ende
hinwegzukommen und wieder normal weiterzuleben.

Die arme Julia steckte mit ihrem Liebeskummer lange
zwischen Phase 2 (sich vor den Kopf geschlagen fühlen)
und 3 (versuchen, die Beziehung zu retten) fest. Sie wollte es einfach nicht wahrhaben, dass Ben definitiv »keinen
Bock« mehr hatte.

Dieses »Ungebremst-von-ganz-oben-nach-ganz-unten-
Fallen« erscheint vielen Liebeskummerleidenden unerträglich und ist einer der Gründe, warum sie lange in Phase 2
verharren. Der Schockzustand in Phase 2 schützt uns davor, den Tatsachen ins Auge zu sehen, denn das ginge in
diesem Moment einfach über unsere Kräfte. Stattdessen
halten wir in dieser Phase die Hoffnung immer noch sehr

lebendig, dass der Partner zurückkommt. Dass wir diese Hoffnung in den meisten Fällen am Ende begraben müssen, ist eine andere Geschichte …

Für Julia wäre es leichter gewesen, wenn Ben ihr einen greifbaren Grund gegeben hätte, warum er sie plötzlich nicht mehr liebte bzw. wollte – zum Beispiel ein anderes Mädchen, etwas an Julias Verhalten oder irgendwelche Konflikte, die die beiden womöglich seit Längerem hatten. So aber konzentrierte sich bei ihr alles auf das Gefühl, in ihrer ganzen Persönlichkeit abgelehnt zu werden. Einfach grauenvoll!

Ganz typisch ist an Julias Geschichte die klassische »Lass uns Freunde bleiben«-Nummer. Davon kann ich allen Liebeskummer-Betroffenen nur abraten, und zwar aus mehreren Gründen:

1. Wenn du wirklich wissen willst, ob mit dir und deinem/deiner Ex noch irgendwas geht, solltest du von deiner Seite aus gar keinen Kontakt zu ihm/ihr suchen. Dann wird sich automatisch zeigen, ob der andere vielleicht doch Sehnsucht nach dir hat und wie wichtig es ihm ist, mit dir zusammen zu sein oder zumindest Zeit mit dir zu verbringen. Wenn du sofort deine Freundschaft anbietest, kann beim anderen ja gar keine Sehnsucht entstehen.

2. Gesetzt den Fall, dein Exfreund oder deine Exfreundin steht wirklich nicht mehr auf dich: Dann ist mit dem Albtraum zu rechnen, dass er/sie sich über kurz oder

lang neu verliebt. Möchtest du das aus nächster Nähe mitbekommen? Bestimmt nicht …

3. Die Liebe kommt und die Liebe geht, wann immer sie will … Wenn aus zwei Menschen nach einer Trennung irgendwann einmal Freunde werden: Toll! Aber dafür ist später noch Zeit genug. Versuch, dir selbst gegenüber ehrlich zu sein: Wenn du für den anderen noch das kleinste Fünkchen an Liebesgefühlen empfindest, solltest du zu deinem eigenen Besten lieber noch ein bisschen länger Abstand halten.

Julias Freunde haben übrigens genau richtig gehandelt. Als Expertin hätte ich ihr auch den Rat gegeben, sich unbedingt zurückzuziehen. Abstand und Zeit sind bei Liebeskummer zwei der wichtigsten Faktoren, die dir helfen, schneller darüber hinwegzukommen. Und noch etwas braucht man, um den Liebeskummer zu besiegen: Geduld mit sich selbst.

Mädchen und Jungen trauern unterschiedlich

Weiter vorne im Buch habe ich schon erwähnt, dass verschiedene Menschen unterschiedlich lange an ihrem Liebeskummer leiden. Mädchen und Frauen sind häufig länger in ihrem Kummer gefangen als Jungen und Männer. Das liegt nicht etwa daran, dass die Gefühle von Jungen weniger tief oder echt wären. Aber wie in vielen anderen

Dingen »ticken« Jungen auch im Liebeskummer einfach anders als Mädchen.

Natürlich trifft alles, was hier beschrieben wird, jeweils auf die *meisten* Mädchen oder Jungen zu, aber eben nicht auf alle. Das hängt damit zusammen, dass Jungen auch viele weibliche Anteile haben können und umgekehrt Mädchen viele männliche. Dies macht nun weder die Jungen zu ›Weicheiern‹ noch die Mädchen zu ›halben Kerlen‹ – es besagt vielmehr, dass jeder Mensch Anteile beider Geschlechter in sich trägt, die unterschiedlich stark ausgeprägt sind. Und es bedeutet, dass du dich wahrscheinlich in den Erklärungen mehr oder weniger wiederfinden wirst, aber nicht unbedingt in allen Punkten.

Wenn der Freund oder die Freundin weggeht, ist das immer eine Verletzung des eigenen Selbstwertgefühls. Darin unterscheiden sich die Geschlechter nicht. Im Umgang damit aber schon. Viele Mädchen reagieren darauf mit Selbstzweifeln und suchen den vermeintlichen Fehler bei sich. Sie machen sich zum Beispiel Sorgen, ob ihrem Exfreund ihr Körper nicht gefallen hat: »Bin ich ihm zu dick?«, »Ist ihm mein Busen zu klein?«. Oder vielleicht zweifeln sie auch, ob sie ihm sexuell nicht genügt haben: »Hat es ihm mit mir keinen Spaß gemacht?«

Mädchen haben aber kein Problem damit, ihre Verletztheit zu zeigen, und reden viel darüber – mit ihren Freundinnen, ihren Müttern und anderen Vertrauten. Das hilft, denn nicht umsonst heißt es, dass man sich den Kummer »von der Seele redet«. Es ist eine gesunde Methode, aber sie braucht eben ihre Zeit und kann das Umfeld manchmal auch ganz schön strapazieren, wenn die Betroffene gar kein anderes Thema mehr kennt.

Jungen hingegen neigen eher dazu, ihr angeknacktes Ego zu verheimlichen und die Schuld bei anderen zu suchen, zum Beispiel beim neuen Freund der Ex: »Sie steht bestimmt nur auf den, weil er schon einen Führerschein hat«, »Wahrscheinlich denkt sie, der ist besser im Bett«.

Viel und offen über ihren seelischen Schmerz zu sprechen, wäre den meisten Jungen peinlich und käme für sie einer Selbstentblößung gleich. Sie befürchten, von anderen als Memme angesehen zu werden, und wollen möglichst ihr Image als »tough guy« bewahren.

Mädchen wollen nach einer Trennung oft erst einmal ohne neuen Freund bleiben, um in Ruhe ihre seelischen Wunden zu lecken. Sie fühlen sich wohler im Kreis ihrer Freundinnen, mit denen sie sich nun wieder »ungestört« treffen und austauschen können.

Jungen hingegen haben häufig sehr schnell eine neue Freundin, auch wenn sie gefühlsmäßig noch bei ihrer Ex sind. Aber ihr angekratztes Ego bekommt wieder Aufwind, wenn sie zeigen können, dass es genügend andere Mädchen gibt, die sich für sie interessieren. Allerdings kommt so auch niemand mehr auf die Idee, sie könnten noch unter der Trennung leiden. In der neuen Beziehung geht es ihnen also meist nicht um tiefe Gefühle, sondern um Selbstaufwertung und ein Verdecken, ja sogar Verdrängen des Seelenschmerzes. Andere Jungs werden zu Dauergästen im Fitnesscenter, wo sie sich selbst durch Erfolg und Muskelzuwachs von ihrem Kummer ablenken können.

Letztendlich verhalten beide, Jungen und Mädchen, sich so, wie sie denken, dass es für sie am besten ist. Ob das Leid deshalb bei den einen größer und bei den anderen kleiner ist, lässt sich daraus nicht ableiten.

Wir haben einige Jungen und Mädchen zu ihrem Liebeskummer befragt. Hier kannst du lesen, wie vier von ihnen geantwortet haben.

Interview mit Nina, 18 Jahre

Wie oft hattest du schon Liebeskummer?
So sieben oder acht Mal.

Was war bisher der schlimmste Liebeskummer?
Der schlimmste Liebeskummer war bei Lars, der mich so verarscht hat. Das hat ewig gedauert und war schon schmerzhaft. Das Schlimmste war, dass ich immer nachgedacht hab, was an mir so falsch ist, dass er mit einer anderen was anfängt.

Wie wurdest du verlassen?
Bis jetzt per Chat und das ist nicht sehr schön.

Warum wurdest du verlassen?
Weil die Gefühle nicht mehr ausreichen oder weil eine andere im Spiel war.

Hast du um den Expartner gekämpft? Und falls ja, wie?
Bei Lars hab ich schon noch versucht, es wieder hinzukriegen. Wir haben viel telefoniert und man hat noch mal an das Schöne gedacht und drüber geredet. Wir wollten uns treffen, aber das hat ja nicht funktioniert. Er hat dann gekniffen und dann war's auch gegessen. Das hat mich ja nur fertiggemacht.

Wie hat sich der Liebeskummer bemerkbar gemacht?
Ich hab geweint, ich war sehr, sehr schlecht drauf. Ich fühlte mich allein und da war irgendwie so ein Schmerz. Ich war sehr gereizt und schnell auf 180.

Wie hast du dich gefühlt?
Ich hab mich allein und unverstanden gefühlt.

Welche Auswirkungen hatte der Liebeskummer auf Schule, Arbeit, Familie ...?
In der Schule bin ich erst mal nicht so aktiv gewesen und hab ja auch oft dagesessen und geweint. Ich bin aber nicht schlechter geworden, ich hab mich da schon bemüht, das alles zu schaukeln. In der Familie gab's keine Probleme und mit Freunden auch nicht, die haben mir geholfen. Am Anfang haben sie zwar gesagt, dass es ja so kommen musste und bla bla, aber dann haben sie mir geholfen und versucht, mich aufzuheitern.

Konntest du mit deinen Eltern darüber reden?
Ja! Ich hab mit meiner Mutter über alles geredet. Das mach ich heute noch. Mein Vater ist ja immer arbeiten, da kommt es nicht so dazu, aber mit meiner Mutter immer.

Wer war sonst dein Ansprechpartner?
Meine damals beste Freundin war da schon sehr wichtig und ich hab Tagebuch geschrieben, das hilft ja auch.

Wie hast du getrauert?
Ich hab, wie gesagt, viel geweint und ich hab viel gesungen. Das hilft mir eigentlich bei allem. Man sucht sich entsprechende Lieder und dreht die Boxen voll auf und dann geht's los. Das ist für mich das Beste, was ich machen kann.

Wie lange hat dein Liebeskummer gedauert?
Das kann ich nicht mehr so genau sagen, aber über mehrere Monate. Bei kleinen Verknalltheiten natürlich kürzer.

Was hat dir in dieser schweren Zeit geholfen?
Das Singen.

Welche Tipps würdest du anderen jungen Menschen geben?
Sie sollten sich ein Hobby suchen, das ihnen in solchen Situationen Ablenkung bietet und das sie entspannt und irgendwie befreit. Freunde sind gut, denen man sich anver-

trauen kann, da gibt es ja nicht so viele. Da sollte man schon gucken, wem man was erzählt. Und eine gute Bindung zur Familie.

Wie hast du dich abgelenkt?
Ich hab mich viel mit Freunden getroffen und mit der Band Musik gemacht.

Hast du Alkohol getrunken, gekifft oder geraucht, um dich abzulenken?
Geraucht jedenfalls, das entspannt mich einfach sehr, aber das mach ich ja ohne Liebeskummer auch. Getrunken habe ich eigentlich nicht, außer auf einer Party, aber da kann ich jetzt nicht sagen, dass ich wegen des Liebeskummers getrunken hätte. Gekifft hab ich noch nie.

Hat der Liebeskummer dir etwas gebracht?
Ja, ich finde, dass diese Zeit wichtig zur Verarbeitung ist. Man entwickelt sich dadurch weiter und lernt was dazu. Wenn es Liebeskummer nicht gäbe, wär es ja auch irgendwie langweilig.

Was konntest du daraus lernen?
Ich werde nicht mehr so leichtgläubig sein und ich werde nie wieder einen zweiten Anlauf machen. Jedenfalls nehme ich mir das vor.

Wie empfindest du im Rückblick die Trennung?
Gut! Ich bin froh, dass ich nicht mehr Zeit an ihn verschwendet hab.

Denkst du heute, dass es richtig war, dass ihr euch getrennt habt?
Ja, auf jeden Fall!

Interview mit Jonas, 17 Jahre
Wie oft hattest du schon Liebeskummer?
Ein Mal.

Wie wurdest du verlassen?
Am Telefon.

Warum wurdest du verlassen?
Meine Freundin fand, dass wir zu wenig Zeit miteinander verbracht haben, wegen der Schule.

Hast du um deine Expartnerin gekämpft? Und falls ja, wie?
Nein.

Wie hast du dich gefühlt?
Nachdenklich.

Welche Auswirkungen hatte der Liebeskummer auf Schule, Arbeit, Familie ...?
Ich habe keine festgestellt.

Konntest du mit deinen Eltern darüber reden?
Nein.

Wer war sonst dein Ansprechpartner?
Mein bester Freund.

Wie hast du getrauert?
Kann ich nicht beantworten.

Wie lange hat dein Liebeskummer gedauert?
Nicht lange.

Was hat dir in dieser schweren Zeit geholfen?
Nichts Bestimmtes.

Welche Tipps würdest du anderen jungen Menschen geben?
Mit ihren besten Freunden drüber reden und den Kummer nicht in sich reinfressen.

Wie hast du dich abgelenkt?
Fußball und Freunde.

Hast du Alkohol getrunken, gekifft oder geraucht, um dich abzulenken?
Nein.

Hat der Liebeskummer dir etwas gebracht?
Nein.

Was konntest du daraus lernen?
Man sollte mehr Zeit in eine Beziehung investieren.

Wie empfindest du im Rückblick die Trennung?
Schade.

Denkst du heute, dass es richtig war, dass ihr euch getrennt habt?
Zu dem Zeitpunkt ja.

Interview mit Katharina, 16 Jahre
Wie oft hattest du schon Liebeskummer?
Ein Mal.

Warum wurdest du verlassen?
Wir wohnen ca. 300 km voneinander entfernt, er wollte eine Freundin, die bei ihm in der Nähe wohnt. Na ja, und da war sie dann plötzlich.

Wie wurdest du verlassen?

Eigentlich war nie richtig Schluss. Wir hatten eines Tages einfach keinen Kontakt mehr, nachdem ich wochenlang keinem meiner Freunde glauben wollte, dass er mit einem anderen Mädchen zusammen war. Irgendwann habe ich es dann doch begriffen.

Hast du um den Expartner gekämpft – und wenn ja, wie?

Ich habe versucht, mit ihm über die Distanz zu reden und ihn gefragt, wieso die Entfernung ihm so zu schaffen macht. Und ich habe versucht, all unsere Probleme anzusprechen, da er angeblich auch viel für die Schule tun musste. In diesem Monat, in dem ich es noch nicht glauben wollte, habe ich eigentlich fast alles gemacht, was er von mir wollte. Ich habe ihn in Ruhe gelassen, wenn er es wollte. Und das war eigentlich die ganze Zeit. Ich dachte, er bräuchte Zeit für sich und wollte ihm diese lassen.

Als endlich klar war, dass er mit dem anderen Mädchen zusammen war, was er nie zugegeben hat, habe ich nicht weiter um ihn gekämpft. Während der Zeit, in der ich es nur von anderen gehört habe, habe ich um ihn gekämpft und ihm jede Lüge geglaubt.

Wie hat sich der Liebeskummer dann bemerkbar gemacht?

Ich weiß noch, dass ich wie eine Tote durch die Gegend gegeistert bin. Ich habe kaum etwas von dem mitbekommen, was andere gemacht haben. Ich konnte mich nicht konzentrieren, ich habe mich nicht mehr geschminkt, ich habe hauptsächlich irgendwelche Schlabbersachen getragen und den ganzen Tag geweint, sogar im Unterricht. Die ersten Tage war es wirklich schwer, damit umzugehen. Ich konnte nicht schlafen. Man kennt es, dass viele sagen, sie weinen sich in den Schlaf. Ja, das habe ich auch getan. Allerdings bin ich die ersten Nächte auch von meinem Weinen aufgewacht. In einer Nacht bin ich auf dem Boden eingeschlafen, in der anderen habe ich im Schlaf geschrien. Ich habe die beiden ständig in meinen Träumen gesehen. Daher habe ich auch kaum geschlafen.

Wie hast du dich gefühlt?
Es hat sich angefühlt, als würde meine Welt zusammenbrechen. Ich war schwach und enttäuscht. Ich konnte mich selbst nicht mehr sehen. Ich wollte die ganze Zeit einfach wieder stark und glücklich sein. Ich bin nicht in Selbstmitleid versunken. Ich habe mir gesagt, dass ich mir Zeit nehmen sollte, mit mir selbst klarzukommen, und dass ich mich damit abfinden muss, dass all meine Fragen unbeantwortet bleiben. Ich bin eine kleine Kämpferin, und um das vor allem mir selbst zu beweisen, bin ich von meinem Sturz in das tiefe schwarze Loch an kleinen Ästen wieder hochgeklettert. Ich bin immer noch dabei.

Welche Auswirkungen hatte der Liebeskummer auf deinen Alltag?
Ich konnte dem Unterricht nicht mehr folgen, egal, wie

sehr ich mich bemüht habe. Mein Durchschnitt ist um 0,3 Noten gesunken. Das hat mich ziemlich verärgert, da ich nicht wollte, dass dieser Junge mir auch das kaputt macht. Auswirkungen auf meine Familie und meine Freunde hatte diese Trennung nicht. Wenn, dann eher auf mich, da ich daran wachse und mich selbst mit anderen Augen sehe. Ich möchte nun, dass ich selbst glücklich bin, ohne dabei egoistisch zu sein. Denn nur so kann ich meine Mitmenschen auch glücklich machen.

Konntest du mit deinen Eltern darüber reden?
Ja, meine Eltern hätten sicherlich gerne mit mir darüber geredet, aber ich löse meine Probleme am liebsten allein, egal, wie viel schwieriger das manchmal ist. Aber sie haben immer die wichtigsten Informationen erhalten.

Wer war sonst dein Ansprechpartner?
Meine Freundinnen und Freunde waren meine Ansprechpartner, ich habe viel mit ihnen geredet. Und sie waren immer für mich da, wenn ich sie brauchte. Das sind sie auch immer noch. Ein großes DANKE an sie!

Wie hast du getrauert?
Zuerst habe ich all meinen Tränen freien Lauf gelassen. Meistens habe ich mir Lieder von Frauen angehört, die übers Betrügen singen, oder Lieder wie zum Beispiel »Single Ladies« von Beyoncé.

Ich bin nie wirklich ausgerastet oder wütend geworden. Ich habe ihn auch nicht für meine Lage verantwortlich gemacht. Das gehört sich nicht, denke ich.

Nach einiger Zeit bin ich öfters ins Fitnessstudio gegangen, habe mich mehr mit Freunden getroffen, ich habe einfach viele Sachen gemacht, die mich ablenken konnten. Ich habe jeden Tag meine Gefühle als eine Art Tagebuch aufgeschrieben, auch als Gedichte. Ich habe auch viele Briefe an meinen Exfreund geschrieben, sie aber nie abgeschickt. Es hilft mir, meine Gefühle zu verarbeiten.

Wie lange hat dein Liebeskummer gedauert?
Nach den ersten drei Monaten ging es mir um einiges besser. Ich habe zwar noch oft geweint und an ihn gedacht, aber es wurde weniger. Dann hat er sich plötzlich wieder gemeldet. Er hat mich wieder nur belogen und alles. Jetzt ist es gerade eine Woche her, dass ich erneut einen Schlussstrich gezogen habe. Allerdings ist dieser dicker als jeder andere bis jetzt. Es ist also noch nicht vorbei, aber ich gebe mir selbst alle Zeit der Welt. Vielleicht werden wir eines Tages normal miteinander reden können, aber das kann noch Monate oder sogar Jahre dauern.

Was hat dir in dieser schweren Zeit geholfen?
Meine Freunde, die Musik, der Sport und irgendwann der Glaube. Ich bin nie oft in die Kirche gegangen und habe immer gesagt: »Ja, als ob euch der Glaube auch nur ansatzweise weiterhelfen könnte«, wenn ich so einen Satz von anderen gehört habe. Es hat nichts mit Gott oder der

Religion zu tun. Es ist einfach etwas, woran ich mich festhalten kann.

Welche Tipps würdest du anderen jungen Menschen geben?
Nehmt euch Zeit für euch selbst, lasst den Schmerz und die Trauer zu. Doch spätestens, wenn sogar eure Familie und Freunde sagen, dass ihr euch zu sehr gehen lasst, solltet ihr versuchen anzufangen, euch auf euch selbst zu konzentrieren. Ihr seid die wichtigsten Menschen in dieser Zeit, doch lasst andere nicht darunter leiden. Und verbannt auf jeden Fall alle Erinnerungen an den Expartner/die Expartnerin!

Wie hast du dich abgelenkt?
Ich habe mich mehr mit Freunden getroffen, habe mehr Sport getrieben und viele Bücher gelesen.

Hast du Alkohol getrunken, gekifft oder geraucht, um dich abzulenken?
Nein, ich denke nicht, dass solche Sachen Lösungen sind. Sie führen meiner Meinung nach eher zu neuen Problemen.

Hat der Liebeskummer dir etwas gebracht?
Ich sehe mich selbst in anderem Licht, ich bin mir wichtiger und es hat mich stärker gemacht.

Was konntest du daraus lernen?

Ich konnte daraus lernen, dass es immer am wichtigsten ist, mit sich selbst im Reinen zu sein, sich selbst zu akzeptieren, und dass es niemanden geben darf, der einem das Gefühl der Selbstliebe nimmt.

Allerdings müssen wir alle mal durch schwere Zeiten gehen. Und was uns nicht umbringt, macht uns nur stärker, wie wir ja alle wissen.

Wie empfindest du im Rückblick die Trennung?

Es war nicht richtig, wie es abgelaufen ist. Er hat mir keine meiner Fragen beantwortet, mich von einem auf den anderen Tag einfach ignoriert. Und wenn wir geredet haben, hat er mich beleidigt. Es war nicht fair, da ich nie schlecht über ihn gesprochen habe und versucht habe, freundlich zu sein, dabei bin ich die Betrogene. Es war alles sehr dreckig, wenn man das so sagen kann.

Denkst du heute, dass es richtig war, dass ihr euch getrennt habt?

Ich weiß nicht, ob es richtig war, schließlich gab es auch gute Zeiten. Aber irgendwie denke ich schon, dass es richtig war, da ich zu oft von ihm angelogen und hintergangen wurde. Ich werde ihn immer auf eine gewisse Art und Weise lieben und er wird immer ein Teil von mir sein, jedoch werden wir nie wieder zusammenkommen. Also ja, es war richtig.

Interview mit Christoffer, 23 Jahre

Wie oft hattest du schon Liebeskummer?

Ich hatte bis jetzt zweimal Liebeskummer, sodass ich mich über längere Zeit schlecht gefühlt habe.

Was war bisher der schlimmste Liebeskummer?

Als meine zweite Freundin mich verlassen hat, habe ich mich drei bis vier Monate nicht gut gefühlt und musste erst einmal mein Lachen zurückgewinnen.

Wie wurdest du verlassen?

In einem längeren Gespräch.

Warum wurdest du verlassen?

Man hat sich mit der Zeit auseinandergelebt. Wir hatten unterschiedliche Ansichten vom Leben.

Hast du um den Expartner gekämpft – und falls ja, wie?

Vielleicht die ersten zwei Wochen in mehreren Gesprächen. Ansonsten nicht wirklich, da es klar war, dass man keine Zukunft zusammen hat.

Wie hat sich der Liebeskummer bemerkbar gemacht?

Ich hatte keine Lust auf die Uni, viele Menschen zu sehen, und ich habe Tag und Nacht daran gedacht, ob man noch mal wen Besseres finden wird.

Wie hast du dich gefühlt?
Nicht gut, müde, ausgelaugt.

Welche Auswirkungen hatte der Liebeskummer?
Einen Durchhänger in der Uni wegen Konzentrations-schwierigkeiten. Familiär ist alles beim Alten geblieben.

Konntest du mit deinen Eltern darüber reden?
Konnte ich, nur war mir nicht richtig nach Reden. Ich habe einmal die Geschichte erzählt und danach oft abge-blockt, wenn das Thema aufkam. Nach einiger Zeit konn-te ich jedoch offener darüber reden.

Wer war sonst dein Ansprechpartner?
Außer mit meinen Eltern habe ich mit meinen besten Freunden darüber gesprochen bzw. ihnen alles erzählt. Andere haben mehr die Kurzfassung erzählt bekommen, wenn sie nachgefragt haben.

Wie hast du getrauert?
Ich bin die ersten Tage in Selbstmitleid verfallen und habe dann versucht, mit Sport einen klaren Kopf zu bekommen. Außerdem bin ich öfters Feiern gegangen.

Wie lange hat dein Liebeskummer gedauert?
Drei bis vier Monate und danach noch mal ca. zwei Mo-nate, in denen ich ganz abschließen konnte.

Was hat dir in dieser schweren Zeit geholfen?
Auf andere Gedanken zu kommen. Sport, feiern, viel mit Freunden machen.

Welche Tipps würdest du anderen jungen Menschen geben?
Sich nicht ganz hängen zu lassen, da die nächste Frau bzw. der nächste Mann bestimmt kommt. Wenn man denkt, dass keine Frau oder kein Mann mehr kommt, in die/den man sich noch stärker verlieben kann, macht man einen Fehler.

Hast du Alkohol getrunken, gekifft oder geraucht, um dich abzulenken?
Geraucht, aber nicht mehr als sonst auch. Nur aufhören, wie ich mir es vorgenommen hatte, konnte ich in dieser Zeit nicht. Der Alkoholkonsum war beschränkt, meistens nur im Zusammenhang mit der Feierei.

Hat der Liebeskummer dir etwas gebracht?
Ich konnte Abstand zu meiner Exfreundin gewinnen und mir verdeutlichen, dass ich mich nicht hängen lassen darf. Ansonsten war es natürlich trotzdem eine schwere, und alles andere als eine schöne Zeit.

Was konntest du daraus lernen?
Dass es immer wieder bergauf geht und es mit Abstand gesehen nicht der Weltuntergang ist, auch wenn man daran zu knacken hat.

Wie empfindest du im Rückblick die Trennung?
Als sehr fair und die richtige Entscheidung. Man ist freundschaftlich auseinandergegangen, auch wenn es für beide Seiten nicht einfach war.

Denkst du heute, dass es richtig war, dass ihr euch getrennt habt?
Ja, da es nur eine Frage der Zeit war, bis man sich getrennt hätte.

Jasmin Ruprecht:

Die Hormone spielen verrückt ...

Was beim ersten Liebeskummer im Körper passiert
Pubertät. Die Zeit der Entwicklung und Reifung, aber auch der Verzweiflung. Du fühlst dich von deinen Eltern manchmal unverstanden, schreist oder knallst mit den Türen. Später tut es dir leid. Oft verstehst du dich selbst nicht mehr. Die Pubertät ist eine einzige emotionale Achterbahn, die Hormone spielen sozusagen verrückt. Vieles, was jetzt in deinem Körper, insbesondere im Gehirn, passiert, erscheint vielleicht verworren und bringt dich vollkommen durcheinander. – Aber genau so muss es sein!

Unser Gehirn gleicht in dieser Zeit einer einzigen Großbaustelle. Millionen von Verbindungen zwischen den Nervenzellen werden neu geknüpft, Millionen andere verschwinden. Das Gehirn wird von körpereigenen Substanzen überschwemmt, die tief greifende Veränderungen auslösen. Dieser bunte Cocktail aus verschiedensten Hormonen lässt die eigenen Gefühle noch stärker kochen.

Was hat das nun mit der Liebe bzw. mit dem Liebeskummer zu tun? In vielen Forschungsarbeiten stellte sich heraus, dass Menschen sich leichter verlieben, wenn sie sich bereits in einem körperlichen Erregungszustand befinden. Dieser Erregungszustand ist durch die Veränderungen in der Pubertät automatisch gegeben. In dieser Zeit ist das Gehirn aber auch besonders aufnahmefähig für neue Informationen, und es kann besonders leicht neue Fähigkeiten erwerben.

Wie reagiert unser Körper bei Liebeskummer?
Um verstehen zu können, wie dein Körper bei Liebeskummer reagiert, solltest du zunächst wissen, wie er auf Verliebtheit reagiert. In der Liebe gibt es drei getrennte und allgemeingültige Stadien: das erste Stadium wird als Verlangen bezeichnet, darauf folgen Anziehung und Bindung. Und je nachdem, in welchem Stadium du dich gerade befindest, treten unterschiedliche Hormone und Botenstoffe des Gehirns in Aktion.

Damit nun aus der Begegnung mit einem anderen Menschen Liebe wird, müssen im Körper unzählige Nachrichten hin und her geschickt werden. Dies geschieht über Botenstoffe und Hormone. Botenstoffe wirken über eine kurze Distanz und stellen die Verbindung zwischen zwei Nervenzellen her. Die Botenstoffe Adrenalin, Noradrenalin, Dopamin und Serotonin spielen im biochemischen Liebesspiel wichtige Rollen.

Die biochemischen Langstreckenboten sind die Hormone. Sie schwimmen von Drüsen oder spezialisiertem Gewebe im Blutstrom zu den Zielorganen und übermitteln dorthin die Botschaften. Testosteron, Östrogen, Oxytozin und Vasopressin sind die wichtigsten Geschlechtshormone.

Verlangen

Es geschieht, als der sechzehnjährige Markus noch im Halbschlaf die Treppe zu seinem Klassenzimmer hinaufgeht. Da es schon geläutet hat, drängeln alle Schüler die Treppe hinauf und hinab. In dem großen Menschenstrom kommt ihm Lisa entgegen. Markus ist fasziniert von ihrer Schönheit, ihrem strahlenden Lächeln und plötzlich scheint der Rest der Welt in den Hintergrund zu treten und unwichtig zu sein. Sein einziges Verlangen ist, Lisa kennenzulernen.

In diesem ersten Stadium des Verlangens entsteht eine große Sehnsucht, in der die Energie sich auf einen einzigen Menschen konzentriert. Hierfür ist vor allem das Hormon Testosteron verantwortlich. Testosteron steigert die Lust bei Jungen und Mädchen, Männern und Frauen. In einigen Studien an jungen Mädchen hat sich gezeigt, dass sexuelle Gedanken bei einem hohen Testosteronspiegel häufiger in die Tat umgesetzt werden. Hieraus lassen sich Gedanken erklären wie: »Den (oder die) muss ich mir schnappen!«

Anziehung

Im zweiten Stadium folgt unweigerlich die Anziehung. Das ist die Phase mit den Schmetterlingen im Bauch, die Zeit, wenn einem der betreffende Mensch nicht mehr aus dem Kopf geht und man ihn ständig bei sich haben möchte.

Markus möchte seine Freizeit nur noch mit Lisa verbringen, sie näher kennenlernen, in ihrer Nähe sein. Und

64

wenn das nicht möglich ist, muss er ständig an sie denken, fast zwanghaft. Sieht er ein Moped, das dem von Lisa ähnelt, bekommt er sofort Herzrasen und denkt, sie könnte in der Nähe sein. Ein bestimmtes Parfüm erinnert ihn an sie. Selbst wenn er Pizza isst, muss er daran denken, wie er ebenfalls eine Pizza mit Lisa gegessen hat.

In dieser Phase sorgt der Botenstoff Dopamin in Verbindung mit dem anregenden Noradrenalin für die verliebte Hochstimmung. Eine erhöhte Dosis dieser beiden Substanzen und dazu noch – da das Gehirn immer um Ausgleich bemüht ist – eine entsprechende Abnahme des beruhigenden Botenstoffs Serotonin, und schon werden die Knie weich.

Dopamin ist vor allem für die körperliche Motivation wichtig und macht uns euphorisch. Zum einen wirkt der Botenstoff auf das Belohnungszentrum im Gehirn. Hier entsteht das euphorische, aber auch das zufriedene Gefühl, das Verliebtsein. Dabei reicht der Gedanke an den Liebsten/die Liebste meist schon aus. Körperliche Folgen: Verliebte haben weniger Appetit, denken nur an die oder den einen und brauchen kaum Schlaf. Jedoch gewöhnen sich die Zellen an die regelmäßige Dosis von Botenstoffen, deshalb lässt das große Verliebtheitsgefühl meistens nach einem halben Jahr oder einem Jahr nach.

Hiermit ist auch bereits der starke seelische Schmerz nach einer Trennung zu erklären: der Körper erlebt einen akuten Dopaminmangel, der massive »Entzugserscheinungen« auslöst.

Die Wirkungen von Noradrenalin ähneln denen des Dopamins. Es wirkt anregend auf die Lust, die Stimmung, den körperlichen Antrieb. Du bist aktiv, fühlst dich toll, willst deinen geliebten Menschen ständig anfassen und nichts kann deine Stimmung trüben.

Serotonin ist ein Glücksbotenstoff, den der Mensch braucht, damit es ihm gut geht. Wenn der Serotoninspiegel sinkt, kippt unsere Stimmungslage. Antriebslosigkeit, Schlafstörungen, Zwänge, Ängste oder Depressionen sind die Folge. Deshalb können wir im Anfangsstadium des Verliebtseins, aber auch nach einer Trennung wenig schlafen, müssen ständig und oft stundenlang an ihn/sie denken, haben Angst, er oder sie könnte sich (nun) in jemand anderen verlieben. Und wir sind niedergeschlagen, wenn wir sie/ihn nicht (mehr) sehen.

Um Serotonin herstellen zu können, braucht unser Körper eine Aminosäure als Rohstoff, das sogenannte Tryptophan. Doch leider kann der Mensch Tryptophan nicht selbst produzieren. Es muss mit der Nahrung aufgenommen werden. Beispiele dafür findest du weiter unten unter »Tipps für unglücklich Verliebte«.

Und immer wenn du an den geliebten Menschen denkst, er plötzlich um die Ecke biegt oder das Telefon klingelt, reagiert dein Körper mit einem Adrenalinschub. Adrenalin ist eine Art Aufputschhormon. In Stresssituationen wird es innerhalb von wenigen Millisekunden (in Sekundenbruchteilen) ins Blut abgegeben. Der Körper ist nun in Alarmbereitschaft, alle Kraftreserven stehen zur Verfügung. Dein Herz schlägt schneller, wenn du ihn/sie siehst, und du atmest schneller, weil mehr Sauerstoff gebraucht wird, da dein Körper nun bis in die Haarspitzen unter höchster Anspannung steht. Deine Hände werden feucht. Du bist nur noch auf den/die eine(n) konzentriert. Andere Ereignisse in der Umgebung werden unwichtig.

Bindung

In der Bindungsphase, dem dritten Stadium, herrschen zwischen Markus und Lisa noch immer starke Gefühle, aber sie sind tiefer, ruhiger, weniger aufputschend und aufregend. Dieses Stadium ist bei Mädchen durch Oxytozin und bei Jungen durch Vasopressin geprägt, zwei Hormone, die man mit dem Bindungsverhalten in Zusammenhang gebracht hat. Es entsteht vor allem durch körperliche Nähe und bindet uns noch mehr an den Menschen, den wir lieben.

Liebeskummer

Bei Liebeskummer kommt es nun zu einem massiven Abfall dieser Hormone und Botenstoffe. Dein Körper befindet sich – wie nach dem Absetzen einer Droge – auf Entzug. Der Mangel an Dopamin versetzt dich in ein seelisches Tief und du fühlst dich rundherum unzufrieden. Adrenalin-, Noradrenalin- und Serotoninmangel sind verantwortlich für deine Lustlosigkeit, Schlafprobleme und Ähnliches.

Außerdem legst du bei Liebeskummer die sprichwörtliche »rosarote Brille« ab, durch die du die letzten Wochen und Monate geblickt hast. Du kannst deine/n Ex und die ganze Beziehung aus einem anderen Blickwinkel betrachten und vielleicht erkennen, warum die Beziehung nicht hielt, was sie zunächst versprochen hat. Nun kannst du dich an die Seiten an ihm/ihr erinnern, die dir nicht so gefallen haben, oder an die Differenzen, die zwischen euch standen. Diese konntest du zuvor nicht wahrnehmen, da dein Kopf durch die Hormone wie von einem Schleier vernebelt war.

Tipps für unglücklich Verliebte
Mach dir dieses Wissen um deinen Hormon- und Botenstoffmangel zunutze!

- *Sorge für Serotoninzufuhr.* Wie bereits erwähnt, kann der Körper Tryptophan nicht selbst produzieren. Es muss mit der Nahrung aufgenommen werden. Es gibt Nahrungsmittel, die Tryptophan oder Serotonin enthalten. Dazu gehört Obst wie Bananen, Ananas, Erdbeeren oder Himbeeren. Auch Sesam und Milchreis führen dem Körper Serotonin zu, ebenso wie Schokolade. Außerdem hebt ein Spaziergang an der Sonne den Serotoninspiegel.
- *Habe Geduld.* Mit der Zeit »vergessen« die Empfangsstationen in deinem Körper die große Botenstoffmenge und vermissen sie nicht mehr, das Entzugsgefühl nimmt ab.
- *Lebe »abstinent«.* Sich immer wieder mit dem/der Ex

zu treffen und alles noch einmal durchzusprechen, verlängert die schmerzliche Phase, weil kurzfristig die Botenstoffe – wenn auch nur in geringer Menge – wieder in deinem Körper rotieren. Du ziehst den »Entzug« damit nur in die Länge.

- *Frustessen erlaubt.* Obst und Schokolade kurbeln die Serotoninproduktion an. Wenn du ein Verlangen danach verspürst, lass es zu! Oft weiß der Körper, was er braucht.
- *Versuche nicht zu verdrängen, sondern zu sortieren.* Rufe dir immer wieder auch die negativen Gefühle, die du in der Partnerschaft erlebt hast, in Erinnerung. Die kleinen Enttäuschungen, Dinge, die nicht gepasst haben …
- *Treibe Sport.* Auch Sport führt zu einer Zunahme an Dopamin und Serotonin, wodurch du dich wieder besser fühlst. Sport ist außerdem eine gute Möglichkeit, um sich abzulenken und einen klaren Kopf zu bekommen.

Mag. Jasmin Ruprecht, Klinische Psychologin und Psychotherapeutin für Kinder, Jugendliche und Erwachsene, www.ipsy.at

Was wirkt gegen Liebeskummer?

Was tun, wenn du gerade verlassen wurdest?

Um diese Frage zu beantworten, ist es wichtig zu wissen, warum dein Freund oder deine Freundin dich verlassen hat. Die häufigsten Gründe, die mir in meiner Liebeskummerpraxis begegnen, sind die drei folgenden:

Trennungsgrund 1: Einer der beiden Partner fühlt sich vom anderen so sehr eingeengt, dass er keinen anderen Rat mehr wusste, als sich zu trennen.
Wenn dies der Grund ist, den dein/e Freund/in für die Trennung genannt hat, kann ich dir ein Fünkchen Hoffnung machen. – Allerdings nur, wenn du das Warnsignal des anderen sehr ernst nimmst.

Jeder Mensch braucht Zeit für sich, und wie viel Zeit das genau ist, kann nur er entscheiden. Die einzige Chance, besteht also darin, den Wunsch des anderen zu respektieren und ihm den Freiraum zu lassen, den er braucht. Wenn sich am Ende herausstellt, dass dir die gemeinsame Zeit zu wenig ist, musst du dir womöglich eingestehen, dass ihr einfach nicht zueinander passt, weil ihr zu unterschiedliche Bedürfnisse habt.

Auch *wie* der andere seine Zeit ohne dich verbringt, ist in erster Linie seine Angelegenheit, ganz gleich, ob er/sie für die Schule lernt, mit der Familie einen Ausflug macht oder einfach Freunde trifft und dich mal nicht dabeihaben will. Versuch einfach, es nicht persönlich zu nehmen, und such dir selbst eine Beschäftigung, die dir Freude macht oder zumindest nützlich sein könnte. Vielleicht wäre es für dich auch mal wieder angesagt, deine Nase in die Schulbücher zu stecken. Oder deine alte Clique freut sich, wenn du ausnahmsweise mal ohne deine bessere Hälfte im Schlepptau zu haben bist.

Wichtig ist jedenfalls, dass du dich an die Absprachen hältst und nicht »ganz spontan mal vorbeischaust«, obwohl du genau weißt, dass dein Freund einen Filmabend mit seinen Kumpels geplant hat. Er wird sich dann nämlich keineswegs freuen, dich zu sehen, sondern sich höchstens von dir kontrolliert fühlen. Und wahrscheinlich möchtest du weder von ihm noch von seinen Freunden als Klette wahrgenommen werden, oder?

Dasselbe gilt übrigens für »SMS-Terror«. Wenn ihr vereinbart habt, euch einen Abend oder ein paar Tage nicht zu sehen, solltest du das Handy tunlichst in der Tasche lassen. Deinen Freund oder deine Freundin mit SMS zu »bombardieren«, führt höchstens dazu, dass du selbst die ganze Zeit in Wartestellung bist. Wenn der andere dann womöglich nicht sofort antwortet, spielen sich bei dir wahrscheinlich die wildesten Dinge im Kopf ab. Genieß lieber deine eigene Zeit und freu dich auf euer Wiedersehen.

Ein weiterer wichtiger Punkt: Du solltest dem anderen die Möglichkeit geben, seine Bedürfnisse offen anzusprechen, ohne dass du ihn dafür mit Vorwürfen bombardierst. Das wird nämlich nur dazu führen, dass zwischen euch Tabus entstehen. Dein/e Freund/in wird dir beim nächsten Mal dann vielleicht gar nicht mehr sagen, dass er/sie einfach mal wieder Lust auf einen Abend mit der alten Clique hatte, sondern irgendwelche Ausreden erfinden, warum er/sie morgen leider, leider einfach nicht kann.

Vielleicht geht es dir so, dass du selbst gar nicht so genau mitbekommst, wann du wieder mal ein bisschen zu sehr am anderen klebst. Dann hilft es, den anderen zu bitten, dass er dich auf liebevolle Weise einfach mal darauf hinweist, dass ein bisschen mehr Abstand euch beiden guttun würde. Auch dein bester Freund oder deine beste Freundin können dich unterstützen, wenn du ihm/ihr sagst, wie es dir damit geht. Wenn sie dir dann zu verstehen geben: »Es ist mal wieder Zeit für ein richtiges Mädels- bzw. Jungswochenende ohne Anhang«, dann weißt du, was du zu tun hast.

Trennungsgrund 2: Dein Exfreund/deine Exfreundin hat sich in jemand anderes verliebt.
In diesem Fall gibt es eigentlich nur einen Weg: Lass den anderen los! Dein Expartner ist jetzt mit seinen Gedanken und mit seiner Aufmerksamkeit bei einem anderen Menschen. Und so schlimm es heute für dich klingen mag:

Eine neue Liebe ist anziehender als ein eifersüchtiges, verzweifeltes Häufchen Elend … Und sollten von seiner/ihrer Seite doch noch Gefühle für dich da sein, wird er/sie das schnell genug merken und von ganz allein wieder bei dir auf der Matte stehen. Dafür musst du gar nicht permanent auf Stand-by sein – im Gegenteil: Sehnsucht nach dir kann der andere ja erst entwickeln, wenn du nicht jederzeit für ihn/sie zu haben bist.

Du darfst dir jetzt stattdessen einfach mal erlauben, traurig zu sein. Vielleicht tröstest du dich für ein paar Tage mit Schokolade oder du schaust dir im Fernsehen eine Liebesschnulze nach der anderen an. Und selbst wenn du in der Schule mal einen Durchhänger hast, solltest du dir nicht sofort Vorwürfe machen. Auch falscher Stolz ist hier fehl am Platz. Wenn andere sehen, dass du traurig bist, ist das kein Weltuntergang. Auf diese Weise gibst du den Menschen auch die Chance, dir mit Verständnis zu begegnen. Manche Liebeskummerkranken neigen dazu, sich von Freunden und Familie abzukapseln und viel Zeit allein zu verbringen. Andere können dagegen überhaupt nicht allein sein und flüchten sich unter die vertrauten Fittiche der Eltern oder der besten Freunde. Beides ist vollkommen in Ordnung, schau einfach, was dir in dieser Situation guttut.

Allerdings: Länger als sechs Wochen sollte diese Phase nicht anhalten. Dann ist es an der Zeit, dass sich alles ein wenig normalisiert und du im Kopf und im Herzen auch für andere Dinge wieder Platz machst. Insbesondere wenn du unter Appetitlosigkeit oder Schlafstörungen leidest, muss nach spätestens sechs Wochen die Wende kommen. Andernfalls rate ich dir dringend, einen Arzt aufzusuchen. Denn wer nicht essen und nicht schlafen kann, kann sich auch in der Schule oder am Ausbildungsplatz nicht konzentrieren – und das kann am Ende noch viel größere Probleme mit sich bringen. Wenn du dich deinen Eltern nicht anvertrauen willst, sprich einen Lehrer deines Vertrauens an oder vielleicht die Mutter deiner besten Freundin bzw. deines besten Freundes. Sie werden dir bestimmt helfen, einen geeigneten Arzt zu finden.

Trennungsgrund 3: Du hast »Mist gebaut«, woraufhin dein Freund/deine Freundin dich verlassen hat.
Vielleicht fragst du dich, was ich mit »Mist gebaut« genau meine. Hier ein paar Beispiele:

- ♥ Du warst grundlos eifersüchtig und hast deiner/deinem Ex nervige Szenen gemacht.
- ♥ Du warst sehr oft unpünktlich oder unzuverlässig.
- ♥ Womöglich hast du dich ständig mit einem/einer Verflossenen getroffen und es deinem Partner auch noch verschwiegen, weil du keine Lust auf eine Auseinandersetzung hattest? Am Ende ist es nur durch Zufall herausgekommen.
- ♥ Du hast deine schlechte Laune permanent an deinem Freund/deiner Freundin ausgelassen.
- ♥ Du hast mit jemand anderem auf Teufel komm raus geflirtet, um deinen Marktwert zu testen.

Was auch immer du dir »geleistet« hast – nun tut es dir wahrscheinlich leid. Und das solltest du deinem/deiner Ex auch sagen. Ruf an oder schreib einen Brief und bitte ihn/sie um Entschuldigung. Vielleicht verbindest du das Ganze sogar noch mit einer originellen Versöhnungsgeste, denn wenn du dir ein bisschen mehr Mühe machst, wird der andere sehen, dass es dir wirklich ernst damit ist. Zehn Tipps, den anderen auf nette Weise um Entschuldigung zu bitten, findest du in Kapitel 6.

Leider gibt es keine Garantie dafür, dass dein Expartner deine Entschuldigung annehmen wird – und wenn er es nicht tut, bleibt dir nichts übrig, als das zu akzeptieren.

Sollte er/sie für einen neuen Start bereit sein, ist es für dich nun ganz wichtig, dass du dein Verhalten tatsächlich änderst. Denn wenn du gleich auf dieselbe Tour weitermachst, wird über kurz oder lang das endgültige Ende nahen. Am besten, du stellst dir selbst einmal die Frage, wie es dir gehen würde, wenn dein Freund/deine Freundin sich dir gegenüber genauso verhalten würde, wie du es ihm/ihr gegenüber getan hast. Was für dich selbst nicht o. k. ist, solltest du auch niemand anderem zumuten.

Allen, die unter Liebeskummer leiden, empfehle ich, Tagebuch zu schreiben – am besten per Hand in ein richtiges Buch oder Heft. Auf diese Weise bannst du deine Gedanken auf Papier, sortierst sie und bekommst sie aus dem Kopf. Du wirst sehen, dass es dir anschließend besser geht. Das Schreiben hat auch einen Ritualcharakter: Du gibst dir Zeit, dich mit deinem Kummer zu beschäftigen, im Heft hat er Platz. Und später kannst du dieses Kapitel buchstäblich abschließen und dich anderen Dingen widmen.

Nadine hat ihren Liebeskummer auf diese Weise verarbeitet. Sie schrieb auch einen Brief an ihren Exfreund Adrian in ihr Tagebuch, den sie in Wirklichkeit nie abgeschickt hat. Dieser Brief ist nicht nur ein Zeugnis dafür, wie schmerzhaft Liebeskummer ist, er zeigt auch, wie das Verhalten von Adrian sie während der Trennung noch zusätzlich verletzt hat.

Der Brief von Nadine

Lieber Adrian,

ich habe beschlossen, einfach alle meine Gefühle in Briefen an dich zu verfassen, vielleicht fällt mir das Ganze dann leichter. Ich weiß es nicht. Vorgestern wären wir 8 Monate zusammen gewesen. Doch irgendwie … irgendwie bist du lieber mit einem Mädchen zusammen, das bei dir in der Nähe wohnt. Ich finde es sehr schade, dass du es mir nicht einfach von Anfang an gesagt hast … dass du mir meine Fragen nicht beantwortet hast … dass du mich halt einfach belogen und betrogen hast. Am schlimmsten ist, dass ich dir immer noch nichts Schlechtes wünschen kann. Ich kann dir nicht sagen, dass du mindestens genauso leiden sollst. Ich weiß, dass du nicht stark genug wärst, das alles auszuhalten.

Heute ist wieder einer der Tage, an denen irgendwie gar nichts geht. Melly hat gestern mit Björn Schluss gemacht. Als ich sie heute gesehen habe, habe ich mich gesehen. Ich habe mich gesehen, wie ich die ganzen letzten Tage mit Tränen in den Augen durch die Gegend gegeistert bin, ohne Make-up, ohne Nagellack ... ohne auch nur irgendeinen positiven Gedanken. Nur du warst in meinem Kopf, du, du, du, du, du! Verdammt! Du hast mir nichts erzählt. Du warst mit einem anderen Mädchen zusammen! Wieso hast du nichts gesagt? Dachtest du, du könntest zwei Mädchen gleichzeitig haben? Mich, das Mädchen, das du vielleicht wirklich liebst, und sie, die du zum Anfassen brauchst ... Ist es so? Es würde mir genügen, wenn du mir sagst, dass du mich wirklich liebst und dass sie nur ... dass sie einfach nur da ist, damit du mit ihr das machen kannst, was wir machen würden, wenn wir nah beieinander wohnen würden. Wenn du mir einfach nur sagen würdest, dass du sie nicht wirklich liebst. Aber vielleicht ist sie ja endlich die eine ... die eine Frau, für die du alles tun würdest.

Eigentlich hatte ich mit dir abgeschlossen. Ich verstehe nicht, wie ich dir das alles verzeihen und so nett zu dir sein kann. Ich verstehe es nicht.

Heute Morgen war schon scheiße. Ich bin aufgewacht und habe dich gesehen, wie du ihre Hand gehalten hast und wie ihr mich doof angrinst. Albtraum nennt man so was. Obwohl, ich habe da ja gar nicht mehr geschlafen. Aber was soll's.

Ich verstehe echt einfach nicht, wie du mir sagen konntest, dass wir nie zusammen gewesen wären. Ich meine, klar, es war anders. Allerdings hast du mir gesagt, dass du mich liebst und dass ich deine Freundin bin, ich war deine

Prinzessin. Jetzt hast du einfach alles weggeworfen. Hättest du doch einfach was gesagt ...

Dann sagst DU mir, du würdest dich in der Schule nicht wohlfühlen, weil Danny dich angesprochen hat. Geht's noch?!?! Wie gesagt, ich bin heulend durch die Schule gerannt. Du wusstest davon. Ich habe dir gesagt, dass ich einen Nervenzusammenbruch hatte. Aber neeeein, dich interessiert so was ja nicht. Manchmal frage ich mich, ob es dich vielleicht einfach nur nicht interessiert, da es dich selbst verletzen würde. Ist es so? Oder bist du wirklich so scheiße und eiskalt? Wenn ja, dann frage ich mich, wie blind ich gewesen sein muss. Ja, ich war wohl blind. Ich habe mich von dir kaputtmachen lassen.

Ich wünsche mir so scheiße doll, dass du mich immer noch liebst und dass du das alles nur machst, weil du Angst hast, dass du verletzt werden könntest. Es wäre einfacher für mich zu verstehen, was hier grade passiert.

Scheiße! Scheiße! Scheiße!

Es hat alles so gut geklappt. Jetzt tauchst du wieder mit deiner scheiß Alicia in meinem Kopf auf. Warum?! Was habe ich denn gemacht, dass es mir jetzt so scheiße geht? Nein, nein, nein. So geht das nicht, so kann das nicht weitergehen!!! Ich muss mich auf die Schule konzentrieren. Schule. Lernen. Das war der Grund, warum wir überhaupt so auseinandergegangen sind ... Und weil du nie mit mir geredet hast, wenn es nötig gewesen wäre.

Bitte, verschwinde aus meinem Kopf. Ich möchte nicht mehr am Fenster stehen und hoffen, dass alles ein schlech-

ter Traum ist, dass das Telefon jeden Moment klingelt und du sagst: »Hey, Schatz. Wie geht's?« Aber es wird nie wieder so sein ... nie wieder. Ich werde mich damit abfinden müssen. Aber das habe ich doch? Hallo, was geht hier ab? Was ist das für eine schlechte Show?

Morgen wird alles wieder gut. Alles wird gut.

Deine Nadine

PS: Heute habe ich dich vermisst. Grade vermisse ich dich, Adrian. Und wieder weine ich fast. Ich will nicht. Doof nur, dass ich weiß, dass ich heute Abend in mein Bett gehen werde ... und dass kleine Tränen mein Kopfkissen berühren werden. Würden Tränen nicht trocknen, würde ich mich nicht jeden Abend in mein Bett, sondern in einen Pool legen, glaube ich. Und die Chance, wieder mit dir zusammenzukommen, ist so klein, wie eine gewisse Träne in diesem Pool wiederzufinden. Sie existiert sozusagen gar nicht ... also die Chance.

Nadines Brief bietet sozusagen »das volle Programm« des Liebeskummers, und vieles von dem, was sie schreibt, wird dir in diesem Buch an anderer Stelle wiederbegegnen. Denn Nadine fragt sich all das, was für den schlimmsten Liebeskummer so typisch ist: Wie konnte es überhaupt so weit kommen? Warum hat Adrian nicht mit ihr über Probleme in der Beziehung gesprochen? Warum kann sie nicht einfach die Zeit zurückdrehen?

Der ganze Schmerz, die ganze Wut und Verzweiflung

des Liebeskummers kommen hier zum Ausdruck. Doch obwohl es ihr – verzeih mir den Ausdruck – dermaßen beschissen geht, hat sie schon viele Schritte in die richtige Richtung gemacht.

Sie verarbeitet ihren Kummer in Form eines Tagebuches. Das hilft ihr, ihre Gedanken zu sortieren, um einen klaren Kopf zu bekommen. Weil sie so unbedingt mit Adrian in Kontakt sein möchte, schreibt sie das Tagebuch manchmal in Briefform, aber sie schickt diese Briefe an Adrian nicht ab – eine sehr weise Entscheidung, auf die ich später noch eingehen werde.

Nadine lässt den Schmerz zu, aber sie ruft sich auch selbst zur Ordnung, denn es ist ihr bewusst, dass sie für die Schule lernen muss. Und nicht zuletzt spricht sie sich selbst Mut zu. Vielleicht ist das das Allerwichtigste, wenn man unter Liebeskummer leidet. Denn niemand kann dir in dieser Phase ein besserer Freund sein als du selbst – indem du für dich Verständnis aufbringst und gut für dich sorgst.

Was du übrigens *nicht* tun solltest: Deinem/deiner Ex gegenüber behaupten, du hättest auch schon jemand Neues, wenn es gar nicht stimmt. Auf diese Weise verbaust du ihm/ihr nicht nur den Weg zu dir zurück, solche Lügen kosten auch enorm viel Energie – und die hast du wahrscheinlich gerade gar nicht.

Wirkungsvolle Ablenkungsmanöver

Nach der oben beschriebenen schlimmsten Phase wirst du wahrscheinlich wieder ein wenig aus dem Kummer aufgetaucht sein. Noch immer denkst du viel an deine/n Ex, aber du bist zumindest in der Lage, deinen Alltag wieder einigermaßen zu bewältigen. Jetzt sind Ablenkungsmanöver angesagt. Sie helfen dir dabei, für ein paar Stunden den Kopf freizukriegen, und ganz nebenbei kommst du so vielleicht auch wieder mehr mit anderen Menschen in Kontakt. Hier sind die Top-5-Ablenkungsmanöver aus der Liebeskummer-Praxis:

1. *Geh zum Sport*

   Ganz gleich, welche Sportart dir am meisten liegt – Bewegung hilft bei Liebeskummer in vielfältiger Hinsicht. Beim Sport richtest du deine Aufmerksamkeit mehr auf den eigenen Körper und weniger nach außen. Das kann in so schwierigen Zeit wie jetzt sehr wohltuend und heilsam sein, denn es ist im wörtlichen Sinne eine Möglichkeit, dein Selbstbewusstsein zu stärken – also das Bewusstsein für dich selbst. In diesem Zusammenhang schwören manche Menschen auf Yoga, Tai-Chi, Qi-Gong oder andere asiatische Sportarten, die darauf abzielen, Körper und Seele ins Gleichgewicht zu bringen. Andere stehen mehr darauf, sich so richtig auszupowern. Sie bevorzugen daher »schnelle« Sportarten wie Fußball, Tennis, Squash, Handball oder Ähnliches.

Teamsportarten haben zusätzlich den Vorteil, dass du mit anderen Menschen in Kontakt kommst. So stellst du vielleicht fest, dass das Leben auch ohne deinen Exfreund/deine Exfreundin Spaß macht. Und: Beim Teamsport bist du auch in der Pflicht, wirklich hinzugehen – denn es wäre ja nicht fair, deine Mannschaft beim Training oder bei Turnieren einfach hängen zu lassen.

In jedem Fall hilft Sport dabei, Aggressionen und Stresshormone abzubauen, sodass du dich hinterher mit großer Wahrscheinlichkeit ruhiger und ausgeglichener fühlst (siehe dazu auch den folgenden Abschnitt »Aktiv gegen den Liebeskummer leben«). Und nicht zuletzt: Du tust etwas für dich, für deine Gesundheit und für dein Aussehen. Da darf sich dein/e Verflossene/r gern umschauen, wenn er/sie bemerkt, wie toll du jetzt aussiehst!

2. *Schreib dich in andere AGs oder Kurse ein*

Beleg doch einfach mal andere Kurse oder AGs in der Schule, sofern du die Möglichkeit dazu hast. So hast du ein wenig Abwechslung vom alten Trott und lernst vielleicht sogar neue, interessante Leute kennen. Die Kurse, die dein/e Ex belegt hat, solltest du natürlich eher meiden, denn es geht ja gerade darum, ihn/sie aus dem Kopf zu bekommen.

3. *Kümmere dich um deine alten Freunde*

Es ist jetzt auch Zeit, an dein »altes« Leben anzuknüpfen und dich um deine Freunde zu kümmern, die mit dir in letzter Zeit ja einiges durchgemacht haben. Vielleicht kochst du für sie mal ein aufwendigeres Menü bei dir zu Hause oder du überlegst dir, was ihr gemeinsam unternehmen könntet. Einen Ausflug mit Picknick oder eine kleine Motto-Party mit Kostümen zu organisieren, zu der jeder etwas Besonderes zu essen mitbringt, macht doch riesigen Spaß. Vielleicht hat ja eine Freundin oder ein Freund auch Lust, gemeinsam mit dir zu zeichnen, chinesisch zu kochen oder sonst irgendwas Interessantes zu lernen und ihr besucht einen Kurs an der Volkshochschule.

4. *Gestalte dein Zimmer neu*

Wenn dein/e Ex häufig in deinem Zimmer zu Besuch war und du sofort an ihn oder sie denken musst, wenn du nur auf den Sessel, das Sofa oder das Bett schaust, dann ist es vielleicht buchstäblich Zeit für einen Tapetenwechsel. Mach dir schöne Musik an und fang einfach an, dein Zimmer von Grund auf umzuräumen. Möbel umstellen, andere Bilder aufhängen, sich von altem Plunder trennen und vielleicht sogar die Wände in einer anderen Farbe streichen – das alles hilft dir, dein Zimmer wieder zu deinem eigenen Reich zu machen. Vielleicht spendieren deine Eltern dir ja sogar schöne neue Bettwäsche dazu.

Auch Fotos, Briefe und Geschenke von deinem Expartner solltest du zusammensammeln. In eine Tüte oder Schachtel verpackt, sind sie jetzt im Keller oder auf dem Dachboden besser aufgehoben als in deinem Zimmer.

Vielleicht bist du sogar in der Stimmung, das alles einfach in die Mülltonne zu schmeißen. Das ist verständlich. Ich würde dir dennoch empfehlen, die Sachen lediglich irgendwohin zu verbannen, wo du nicht täglich darüber stolperst. In einigen Jahren wirst du vielleicht froh sein, dass du dir die Erinnerungsstücke an deine erste Liebe bewahrt hast.

5. *Unternimm mal wieder was mit deiner Familie*
Erwachsen zu werden ist für die meisten Menschen mit Aufregung, Aufbruchstimmung und Zuversicht verbunden. Erwachsensein verbinden wir mit Freiheit – endlich kann man so leben, wie man es will und selbst entschieden hat. Der erste Liebeskummer ist auf diesem Weg ins Erwachsenen-Leben ein heftiger Einschnitt, der einem diese positive Grundstimmung ganz schön vermiesen kann. Deshalb ist es überhaupt nicht verwerflich, sich noch einmal in die Geborgenheit der Familie zu flüchten. Den meisten Eltern liegt das Wohl ihrer Kinder sehr am Herzen und sie werden ihr Bestes geben, um dich zu trösten und wieder aufzupäppeln. Auch wenn es dir noch vor Kurzem total spießig vorgekommen wäre: Wenn du jetzt Lust hast, mit deinen Eltern wie in alten Zeiten einen gemütlichen Fernseh- oder Spieleabend mit Chips und Süßigkeiten zu verbringen, dann solltest du nicht zögern, es ihnen vorzuschlagen. Oder vielleicht hast du Lust, mit der ganzen Familie in den Wald zum Pilzesuchen zu gehen. Oder in den Vergnügungspark, wo du als Kind immer so viel

Spaß hattest. Deine Eltern werden sich bestimmt freuen, dass sie mal wieder ein bisschen Zeit mit dir verbringen dürfen, wo du doch sonst immer so viel um die Ohren hast.

Ich rate übrigens dringend davon ab, sich im Internet zahlungspflichtigen Rat bei Astrologen, Kartenlesern, Engelbeschwörern oder ähnlich ausgerichteten Diensten zu holen. So etwas kann sehr teuer werden und entbehrt nicht selten jeder professionellen Grundlage. Wenn du meinst, dass du psychologischen Rat benötigst, solltest du dich damit an einen Erwachsenen deines Vertrauens wenden. Auch dein Hausarzt kann dich zu einem Psychotherapeuten überweisen. Möglichkeiten, um anonym zu bleiben, bieten die kostenlosen Online-Beratungen für Jugendliche vom Fachverband für Erziehungs-, Familien- und Jugendberatung (www.bke-beratung.de) und vom Kinderschutz e. V. (www.kids-hotline.de). Auch die bekannten Jugendzeitschriften wie »BRAVO« oder »Mädchen« haben ein Psychologenteam, an das du dich mit Fragen wenden kannst.

Berend Breitenstein:

Aktiv gegen den Liebeskummer

Wenn der Liebeskummer erst einmal zugeschlagen hat, ist es sehr schwer, sich zu irgendetwas aufzuraffen. Trotzdem solltest du versuchen, deinen inneren Schweinehund zu überwinden und aktiv zu werden, denn bei Liebeskummer ist Sport – wie oben bereits erwähnt – eine sehr gute Medizin. Das hat verschiedene Gründe:

- ♥ Wenn der Körper und das Gehirn besser durchblutet sind, werden vermehrt Endorphine freigesetzt. Das sind körpereigene Substanzen, die nicht nur beruhigend und angstlösend wirken, sondern auch Glücksgefühle fördern.
- ♥ Daneben kommt es durch körperliche Aktivität zu einer erhöhten Ausschüttung von Serotonin. Serotonin ist ein Hormon, das auch als »Glückshormon« bezeichnet wird. Es löst Gefühle von Wohlbefinden und Zufriedenheit aus.
- ♥ Und nicht zuletzt führt Sport dazu, dass man sich selbst als attraktiver wahrnimmt. Das gibt Selbstbewusstsein und trägt ebenfalls zur Zufriedenheit und zur Selbstliebe bei.

Optimal ist eine ausgewogene Mischung aus Ausdauertraining (z. B. Laufen, Schwimmen oder Radfahren) und Krafttraining (z. B. Gewichte stemmen, bestimmte Yoga-Arten oder Pilates). Doch auch wenn du nur eins von beiden in Angriff nimmst, ist das ein Schritt in die richtige Richtung. In jedem Fall solltest du Sportarten wählen, die dir Spaß machen und die du leicht in deinen Alltag einbauen kannst.

Ein zweiter Faktor, um aktiv gegen den Liebeskummer zu leben, ist eine gesunde und abwechslungsreiche Ernährung. Es gibt sogar einige Lebensmittel, die sich positiv auf unsere Stimmung auswirken. Die kannst du jetzt natürlich besonders gut gebrauchen.

Zu den natürlichen Stimmungsaufhellern gehören:

- ♥ Tryptophan: Das ist eine essenzielle (also lebenswichtige) Aminosäure. Sie trägt zur Bildung des Glückshormons Serotonin bei.
  Enthalten in: Fleisch, Fisch, Geflügel, Bananen, Nüssen, Käse, Avocado, Tomaten, Sonnenblumenkernen
- ♥ Serotonin: Das Glückshormon Serotonin überträgt als Botenstoff Signale im Zentralnervensystem. Es wirkt sich positiv auf die mentale Verfassung aus.
  Enthalten in: Bananen, Ananas, getrockneten Datteln, Avocado, Tomaten
- ♥ B-Vitamine: In besonders anstrengenden Lebenssituationen benötigen wir mehr vom sogenannten Nervenvitamin B1. Auch andere B-Vitamine, wie B5 oder B12 stabilisieren unser »Nervenkostüm«.

Enthalten in: Vollkorngetreide, Vollkornreis, Fleisch, Milch, Eiern

- Lecithin: Auch Lecithin ist für gesunde Nervenfunktionen wichtig. Es ist Bestandteil der Zellhüllen der Gehirn- und Nervenzellen.

  Enthalten in: Buttermilch, Walnüssen, Eiern, Mais, Erbsen, Sojaprodukten

- Magnesium: Magnesium wird auch als »Anti-Stress-Mineral« bezeichnet. Es ist wichtig für die Nervenfunktionen und trägt zu einer entspannteren Gemütsverfassung bei.

  Enthalten in: Vollkorngetreide, Gemüse, Bananen, Geflügel, Milch, Milchprodukten

- Capsaicin: Das ist der Stoff, der Chili-Schoten die Schärfe gibt. Er kann ebenfalls zu einer besseren Stimmung führen. Experten sprechen dann vom »Pepper-High« (Pfeffer-Hoch). Die extreme Schärfe wird dem Gehirn als Schmerz übermittelt. Dies führt zu einer erhöhten Endorphin-Ausschüttung, was wiederum eine gelöste, euphorische Stimmung zur Folge hat.

- Wasser: Unglaublich, aber wahr: Auch Wasser hilft dabei, ausgeglichen und zufrieden zu sein. Deshalb solltest du täglich 1,5 bis 2 Liter Wasser zu dir nehmen. Bereits der Verlust von 2 Prozent unserer Körperflüssigkeit kann zu Konzentrationsstörungen und Leistungseinbußen führen.

Grundsätzlich ist es gesünder, Mahlzeiten aus frischen Lebensmitteln selbst zuzubereiten anstatt Tiefkühlpizza oder McDonalds-Kost zu dir zu nehmen. Je stärker die ursprünglichen Lebensmittel weiterverarbeitet sind, desto weniger Vitamine, Mineralstoffe und Spurenelemente enthalten sie. Auch die Einnahme von Multivitamin-Präparaten ist nicht vergleichbar mit einer natürlichen Aufnahme der entsprechenden Nährstoffe.

Power-Plan gegen den Liebeskummer

Mit körperlicher Bewegung und gesunder Ernährung kannst du dir nun deinen persönlichen Power-Plan gegen den Liebeskummer zusammenstellen. So könnte beispielsweise ein Tag aussehen, an dem du dem Liebeskummer so richtig den Kampf ansagst:

Vor dem Frühstück (jeden zweiten Tag, im Wechsel mit dem Abendsport-Programm): Bewegung. Ein halbstündiger Dauerlauf oder 20 Minuten Hanteltraining können Wunder wirken, um frisch und gut gelaunt in den Tag zu starten.

Frühstück: Stell dir dein persönliches Müsli zusammen. 5 bis 7 Esslöffel Haferflocken, 1 Becher Naturjoghurt, frisches Obst (z. B. Banane, Ananas, Apfel), 1 bis 2 Esslöffel Sonnenblumenkerne, 1 kleine Handvoll Rosinen. Oder: Omelette aus 4 Eiweiß und 1 Eigelb, 1 bis 2 Scheiben Vollkornbrot, frisches Gemüse (z. B. Tomate, Gurke, Zwiebel).

Pausensnack: Circa zwei bis drei Stunden nach dem Frühstück kannst du einen kleinen Snack zu dir nehmen. Das kann zum Beispiel Quark mit frischen Früchten sein oder eine Handvoll Nüsse.

Mittag: 1 große Portion gemischter Salat aus Blattsalaten, Tomaten und Zwiebeln mit einem Dressing aus Essig und Öl, 200 bis 300 g Geflügel oder Fisch, eventuell eine kleine Beilage aus Nudeln, Reis oder Kartoffeln.

Nachmittagssnack: 1 Becher Buttermilch, 1 Banane oder 1 bis 2 Riegel Bitterschokolade mit mindestens 85 Prozent Kakaoanteil.

Vor dem Abendessen (jeden zweiten Tag, im Wechsel mit dem Sport am Morgen): 60 bis 90 Minuten Sport, zum Beispiel Teamsport im Verein oder im Fitnessstudio.

Abend: 1 bis 2 Scheiben Vollkornbrot mit Käse und Weintrauben oder 200 bis 300 g Fleisch mit gedünstetem Gemüse, dazu roter Chili.

Wenn du diesen Plan zwei Wochen lang durchhältst, wirst du sehen, dass dein Körper dich belohnt. Nicht nur deine Figur wird es dir danken, auch in der Stimmung macht sich so ein aktiver Bewegungs- und Ernährungsplan bemerkbar. Jeder Tag bringt dich einen Schritt aus deinem Kummer und zurück ins Leben!

Berend Breitenstein, Oecotrophologe (Ernährungswissenschaftler), Bodybuilding-Trainer und Fachbuchautor, www.berend-breitenstein.de

4.

Typische Liebeskummerfallen und wie du sie umgehen kannst

Ich habe es zu Beginn dieses Buches schon erwähnt: Liebeskummer kann jeden Menschen treffen, und zwar unabhängig vom Alter und von der Dauer der Beziehung. Allerdings weiß ich aus Erfahrung, dass manche Paare im Hinblick auf Beziehungskrisen und Trennungen stärker »gefährdet« sind als andere. Schon unter ganz »normalen« Umständen ist es nicht leicht, eine Liebe über einen langen Zeitraum hinweg lebendig zu halten. Wenn dann noch eine besondere Belastung hinzukommt, sieht sich der eine oder andere Partner der Situation einfach nicht mehr gewachsen. Ich bezeichne diese typischen Konstellationen als »Liebeskummerfallen«, denn viele Paare schliddern häufig mit Karacho auf eine »Knock-out-Situation« zu und merken erst viel zu spät, dass ihre Liebe daran zerbricht.

Liebeskummerfalle Nr. 1:
Der Urlaubsflirt, die Fernbeziehung

Urlaub ist für viele Menschen die optimale Gelegenheit, jemanden kennenzulernen und sich zu verlieben. Wahrscheinlich kennst du das auch: Im Urlaub fühlst du dich entspannt, gut gelaunt und bist offen dafür, neue Erfahrungen zu machen. Schule, Ausbildung und alle anderen Verpflichtungen sind in weite Ferne gerückt und du hast nur noch Augen für dieses gut aussehende Mädchen vom Strand oder den coolen Jungen aus der Bar. Und weil Amor auf pragmatische Aspekte keine Rücksicht nimmt, schießt er kurzerhand seine Pfeile auf euch beide ab und du bist sicher: Das ist die Liebe meines Lebens.

Toll, wenn ihr eure gemeinsame Zeit nun für den Rest des Urlaubs in vollen Zügen genießen könnt. Aber was passiert eigentlich danach? Womöglich lebst du in Hamburg und deine neue Liebe in der hessischen Provinz? Oder noch extremer: Deine neue Flamme ist die Bedienung aus dem italienischen Café und euch trennen nicht nur satte 1500 Kilometer, sondern auch Muttersprache und Kultur.

Solange man noch frisch verliebt ist, sieht man in all dem keine Hindernisse. Klar, man kann sich täglich E-Mails schreiben, SMS schicken, über Skype quasi kostenlos telefonieren, sich an manchen Wochenenden besuchen, den nächsten Urlaub gemeinsam verbringen und auf lange Sicht irgendwie zueinanderkommen. Ist man aber nach ein paar Wochen wieder ganz in seinem Alltag angekommen, sieht vieles anders aus.

Die Sehnsucht kann so quälend sein, dass es schwerfällt, sich auf Schule oder Ausbildung zu konzentrieren. Der Austausch über E-Mail und Telefon ist zwar schön, aber er ersetzt nicht das »echte« Zusammensein, bei dem man sich unmittelbar sieht, hört, riecht und spürt. Auch spontane Verabredungen sind über eine große Distanz nicht möglich. Alles muss langfristig geplant werden – und wenn du gerade an dem Wochenende, an dem ihr euch endlich wiederseht, total erkältet bist, ist die schlechte Stimmung vorprogrammiert.

Der aus *Marienhof*, *TV Kaiser* und *Hausmeister Krause* bekannte Schauspieler Michael Dierks musste miterleben, wie seine erste große Liebe an der Distanz von vielen Tausend Kilometern scheiterte. Wie es ihm damit ging, beschreibt er in der folgenden Geschichte.

Die Geschichte von Michael Dierks

Liebeskummer ist für mich eigentlich fast die schlimmste Krankheit, die es gibt. Das Gefühl von Liebe ist so stark, so traumhaft, so wunderschön wie ein Flug durch die Wolken, aber wenn es kippt, dann stürzt man von diesen Liebeswolken in ein tiefes schwarzes Loch.

Meine erste große Liebe war die Petra in meiner Jugend. Ich bin mit dem Fahrrad durchs Feld gefahren, um sie im Nachbardorf zu besuchen. Es war alles so aufregend, ihre Augen, ihr Gang und ihre Liebe zu mir.

Als ich 18 war, musste ich dann für längere Zeit in die USA, um mein Schauspielstudium zu absolvieren. Damals gab es noch kein Internet, so hatten wir nur Briefkontakt. Doch plötzlich blieben ihre Briefe aus. Es kam nichts mehr, mehrere Wochen lang. Immer wieder schrieb ich ihr, doch ich erhielt keine Antwort. So stürzte ich schließlich in ein Laura-Ashley-Geschäft und kaufte ihr ein Abendkleid, das ich mit der Post nach Deutschland schickte – zum Beweis meiner Liebe. Aber auch darauf kam nichts. Keine Reaktion, bis ich dann mutig zum Telefonhörer griff und von ihrer Mutter erfahren musste, dass sie bereits Zwillinge bekommen hatte. Petra? Zwillinge???

Das war eine Meldung, da denkt man, eine ganze Kirmes kreiselt einem im Kopf herum! Das Schlimmste war diese Lähmung. Ich konnte nicht essen, nicht schlafen, nicht trinken, nicht sprechen, einfach gar nichts. Der Schmerz, der sich so in der Bauchgegend entfaltete, war einfach unerträglich.

Später habe ich begriffen, dass all das aber auch eine Kopfsache ist. Man muss es schaffen loszulassen, nur so kann man wieder gesund werden und eine neue Zukunft starten. Auch wenn immer wieder die Tränen kommen und man dieses innere Zusammenbrechen erlebt.

Wenn ich mich heute an diesen ersten Liebeskummer erinnere, sehe ich mich selbst wie in »Ciao, Marco, Ciao«, diesem alten Kinderzeichentrickfilm, in dem der kleine verzweifelte Marco seine Mutter in Argentinien sucht. Das Bild bedeutet für mich: Man muss loslaufen und jeden Tag als einen Schritt sehen, der weiter wegführt von diesem un-erträglichen Schmerz in eine bessere Zukunft, ja vielleicht sogar mit einem neuen Partner.

Am Anfang ist es hart, aber es schleichen sich Tage ein, an denen man merkt: Oh, ich habe schon eine ganze Stunde nicht mehr an die geliebte Person gedacht. Daran erkennt man langsam diesen Heilungsprozess. Man muss anfangen, sich um sich selbst zu kümmern, wieder etwas zu essen, Freunde zu treffen, rauszugehen. Für mich war das letztendlich die Rettung.

Wenn du gerade unter Liebeskummer leidest, möchte ich dir diese Kraft schenken. Ich wünsche dir von Herzen, dass dein Herz bald wieder gesund wird. Das Leben hält noch so viele Überraschungen für dich bereit!

Wie du dieser Liebeskummerfalle ausweichen kannst:

♥ *Triff verbindliche Absprachen für das nächste Wiedersehen:* Es sollte zwischen euch immer klar sein, wann ihr euch das nächste Mal wiederseht. Ganz gleich, ob es bis dahin noch drei Wochen oder drei Monate sind – mit einer verbindlichen Verabredung hat deine Sehnsucht einen Fixpunkt, auf den sie sich konzentrieren kann. Will dein Partner/deine Partnerin sich darauf nicht einlassen und flüchtet sich in Floskeln wie »Mal sehen«, »Weiß noch nicht genau«, »Hängt noch von ein paar anderen Dingen ab«, ist es höchste Zeit, ihn/sie zur Rede zustellen. Was genau sind seine/ihre Bedenken? Sieht er/sie für die Beziehung noch eine Zukunft oder ist ihm die Belastung zu hoch, die mit der Entfernung verbunden ist? Im optimalen Fall habt ihr auch eine Perspektive, um näher zueinanderzuziehen. Vielleicht geht ihr nach dem Abitur in dieselbe Stadt zum Studieren oder einer kann sich nach dem Abschluss der Ausbildung einen Job in der Stadt des anderen suchen. Je konkreter diese Planungen sind, desto besser lässt sich die Zeit bis dahin überbrücken.

- *Teilt euch die Kosten für eure Besuchsreisen*: In Fernbeziehungen ist es oft so, dass ein Partner häufiger zum anderen reist als umgekehrt. Vielleicht weil er eine Bahn-Card hat, weil die Wohnsituation bei einem von beiden besser ist oder weil einer schon den Führerschein hat und mit dem Auto kommen kann. Das kann aber nicht bedeuten, dass er auch die Kosten dafür allein trägt. Gerade wenn ihr beide wenig Geld habt, solltet ihr euch die Fahrtkosten teilen. Das zeigt auch, dass euch beiden viel daran liegt, dass ihr euch regelmäßig seht.

- *Bleib deinem bisherigen Freundeskreis treu*: Dass du momentan an den Wochenenden viel unterwegs bist, sollte nicht dazu führen, dass du deine alte Clique nicht mehr siehst. Sicherlich hat jeder Verständnis dafür, dass du die wenige Zeit, die du mit deinem Partner/deiner Partnerin hast, gern zu zweit verbringen möchtest. Allerdings solltest du dir auch ganz bewusst Zeit nehmen, um etwas mit deinen alten Freunden zu unternehmen. In vielen Fernbeziehungen werden Rituale gepflegt, zum Beispiel telefoniert man jeden Abend um 22 Uhr oder es hat sich so eingebürgert, dass man sich jedes zweite Wochenende trifft. Das ist zwar gut und schön, darf aber nicht zur Pflicht ohne Ausnahmen werden. Am Geburtstag deiner besten Freundin hast du um 22 Uhr vielleicht gerade etwas anderes zu tun als zu telefonieren. Umso mehr werdet ihr euch am nächsten Tag zu erzählen haben. – Eine Liebe kann auch mal zerbrechen, eine Freundschaft hält dagegen ein Leben lang, wenn man sie gut pflegt.

Liebeskummerfalle Nr. 2:
Lies mir die Wünsche von den Augen ab

Gerade für junge Menschen, die noch wenig Erfahrung mit Liebesbeziehungen haben, stellt der Übergang vom ersten Verliebtsein hin zu einem harmonischen Beziehungsalltag oft eine schwierige Hürde dar. Wenn sich die erste Aufregung ein wenig gelegt hat, rücken auch andere Dinge wieder ins Blickfeld: Schule, Freunde, Familie, Sport und vieles mehr.

Manchmal haben die beiden Partner hier ein unterschiedliches Tempo. Meiner Erfahrung nach sind Jungen oft etwas schneller als Mädchen. So ist er vielleicht nach vier Wochen bereit, seine Aufmerksamkeit jetzt auch mal wieder anderen Menschen zu widmen, während sie noch vollkommen im siebten Himmel schwebt und davon gar nichts wissen will. Dann ist es nicht immer leicht, Verständnis für die Bedürfnisse des anderen aufzubringen. Und wenn man selbst gerade noch sehr am Partner hängt, kommt einem das Verhalten des anderen oft als Zurückweisung vor: »Ihm ist es wohl wichtiger, mit dem Sportverein wegzufahren, als Zeit mit mir zu verbringen. Das heißt wahrscheinlich, er liebt mich gar nicht richtig.« – Ich kann dich allerdings beruhigen: In 95 Prozent der Fälle heißt es nicht, dass er dich nicht richtig liebt. Es heißt einfach nur, dass er auch schon vor der Zeit mit dir ein eigenes Leben mit Freunden, Hobbys, Familie hatte. Das hat ihn in deinen Augen wahrscheinlich sogar attraktiv gemacht.

Solche Schlussfolgerungen sind also ganz gefährlich, denn sie führen manchmal zu fatalen Missverständnissen. Und je länger man nicht darüber spricht, umso verfahrener wird die Situation. Im schlimmsten Fall findet ihr euch in einem ganzen Netz aus unausgesprochenen Erwartungen wieder, in dem ihr beide nur verlieren könnt. Denn das Programm »Lies mir die Wünsche von den Augen ab« hat auf Dauer noch bei keinem Paar funktioniert.

Die Geschichte von Anna und Tim zeigt, wie man sich mit so einem Verhaltensmuster selbst ein Bein stellt.

Die Geschichte von Anna und Tim

Anna und Tim kennen sich von der Schule und sind seit anderthalb Jahren zusammen. Während Anna inzwischen eine Ausbildung zur Zahnarzthelferin begonnen hat, leistet Tim seinen Zivildienst in einem Altenheim ab.

»Ein echter Gentleman hätte mir die Tür aufgehalten!«,
sagt Anna schnippisch und verdreht die Augen. Etwas verwirrt schaut Tim zu ihr rüber und wartet an der Eingangs-
tür auf sie. Das Haus von Annas Eltern ist ein kleines rotes
Backsteingebäude in einer ehemaligen Arbeiterwohnge-
gend. Als die beiden in den Flur kommen, duftet es aus der
Küche verlockend nach frisch gebackenen Weihnachts-
plätzchen von Annas Mutter.

»Wie machen wir es denn mit den Weihnachtsgeschen-
ken dieses Jahr?«, fragt Anna, als sie kurz nach dem
Abendbrot in ihrem Zimmer auf dem Bett liegen. »Hmm ...
Ich weiß nicht ...«, antwortet Tim, dem bei dem Gedanken
ganz unwohl wird, dass Heiligabend schon in einer Woche
bevorsteht. Im November hatte er beschlossen, mit seinen
Zivi-Kollegen aus dem Altenheim über die Festtage zum
Snowboarden nach Österreich zu fahren und er ist sich immer noch nicht sicher, ob Anna das wirklich so locker hin-
nimmt oder ob sie insgeheim doch von ihm erwartet, dass
er Weihnachten mit ihr verbringt. Wie zur Bestätigung seiner Gedanken sagt sie: »Aber du fährst ja sowieso lieber
mit deinen Zivi-Freunden weg und lässt mich hier sitzen.
Eigentlich brauchen wir uns dann auch nichts zu schenken.« Tim stimmt sofort zu, erleichtert, dass dieser Vor-
schlag von Anna kommt.

»Wann unternehmen wir beide eigentlich mal wieder
was zusammen?«, fragt sie dann. »Du hast mich schon ewig
nicht mehr ins Kino eingeladen, aber mit deinen Freunden
bist du ständig unterwegs!«

»Du sagst doch selbst, dass du abends immer zu müde bist, um noch wegzugehen«, wundert sich Tim.

»Ich kann doch nichts dafür, dass ich immer so früh aufstehen muss!«, sagt Anna gekränkt, während sie die Nachttischlampe ausknipst.

Am Tag der Abreise fährt Tim noch kurz bei Anna vorbei, um sich von ihr zu verabschieden. Anna trägt eine rotweiße Weihnachtsmütze, schaut aber ansonsten wie sieben Tage Regenwetter drein. Auf der Türschwelle holt sie schließlich ein kleines Päckchen hervor und hält es Tim hin. »Frohe Weihnachten«, sagt sie.

»Wir wollten uns doch nichts schenken«, sagt Tim verblüfft. »Ich hab doch jetzt gar nichts für dich!«

»Tja«, antwortet Anna, »das hab ich mir schon gedacht. Na, egal.« Sie sieht ziemlich enttäuscht aus.

Tim nimmt Anna zum Abschied in die Arme und gibt ihr einen Kuss. Dann geht er zum Auto, in dem schon Felix und Ulf auf ihn warten.

Als Anna Tim eine Woche später mit dem Auto bei Felix abholt, ist die Stimmung seltsam. »Du hättest dich ja ruhig mal melden können«, wirft Anna ihm vor.

»Du hast dich doch auch nicht gemeldet«, antwortet Tim. »Wieso muss ich immer dich anrufen?«

»Na, du bist doch weggefahren und nicht ich«, ruft sie. »Du wirst doch auch ab und zu mal an mich denken, oder ist das zu viel verlangt?«

»Das tue ich doch, aber ich kann doch nicht riechen, dass du willst, dass ich dich anrufe!«, verteidigt sich Tim.

»Wenn du ein bisschen aufmerksamer wärst, würdest du es merken!« – Anna schreit jetzt schon fast. »Dann hättest du mir übrigens auch etwas zu Weihnachten geschenkt. Aber du merkst ja scheinbar sowieso gar nix mehr.«

»Wir hatten doch abgemacht, dass wir uns nichts schenken. Das hast du doch selbst vorgeschlagen!« Tim ist nun ziemlich verletzt.

»Oh Mann! Du hast so was von keine Ahnung von Frauen!«, sagt Anna abfällig.

»Na, Hauptsache, du weißt über Männer Bescheid«, schnaubt Tim.

Inzwischen sind sie bei Tim vor dem Haus angekommen. Anna macht allerdings keine Anstalten auszusteigen. Wenn sie jetzt auch noch erwartet, dass ich ihr die Tür aufhalte, hat sie sich aber geschnitten, denkt Tim. Wortlos steigt er aus, holt seine Tasche aus dem Kofferraum und geht zur Haustür. Anna tritt indessen aufs Gaspedal und rauscht davon.

Als Tim sich zwei Tage später bei ihr meldet, ist das Erste, was Anna ihm entgegenschleudert, wieder ein Vorwurf. »Ich dachte schon, du rufst gar nicht mehr an!«

»Warum hast du denn nicht angerufen?«, fragt Tim daraufhin kühl.

»Ich?«, fragt Anna ungläubig. »Wieso denn ich? Du hast dich doch total daneben benommen.«

Tim versteht die Welt nicht mehr. Irgendwie weiß er überhaupt nicht, was er falsch gemacht hat und was Anna *von ihm erwartet. Und er hat keine Lust auf solche Gespräche, die immer wieder denselben Ausgang nehmen: eine beleidigte Anna, ein ratloser Tim.*

»Weißt du was, Anna, vielleicht lassen wir das Ganze einfach«, sagt Tim nach einigem Zögern. »Ich glaube, wir passen irgendwie nicht zusammen.« Anna schweigt, nach ein paar Sekunden legt sie einfach auf.

Wie du dieser Liebeskummerfalle ausweichen kannst:

♥ *Sprich mit deinem Freund/deiner Freundin über deine Gefühle:* Miteinander reden ist die wichtigste Zutat überhaupt, um langfristig eine gute Beziehung zu führen. Wie auch immer es dir geht – der andere wird dich besser verstehen, wenn du ihm davon erzählst. Auch deine Wünsche solltest du offen formulieren. Dann kann der andere entscheiden, ob er darauf eingehen möchte oder nicht. Und wenn er dir die Gründe für seine Entscheidung mitteilt, wirst du ihn wahrscheinlich auch besser verstehen.

Enttäuschte Erwartungen resultieren sehr häufig daraus, dass ein Partner gar nicht wusste, was der andere von ihm erwartet hat. Nicht jeder Mensch »tickt« auf dieselbe Weise wie du. Du wünschst dir vielleicht, dass dein Freund dir öfter mal ein kleines Geschenk in Form einer Blume oder einer schönen Schokolade macht. Einem anderen Mädchen ist es dagegen viel wichtiger, dass ihr Freund auch in der Öffentlichkeit mal mit ihr Händchen hält oder sie küsst. Wie soll der Junge nun wissen, wie er sich verhalten soll, wenn das Mädchen ihm nichts von ihren Wünschen erzählt? Umgekehrt gilt das natürlich genauso. Auch Jungen sollten den Mut haben, mit der Freundin über ihre Wünsche zu sprechen.

♥ *Lass für den anderen nicht alles stehen und liegen:* Jeder Mensch hat eine einzigartige Persönlichkeit. Und diese Persönlichkeit drückt sich auch darin aus, wie wir unser Leben leben. Wenn jemand eher ein Einzelgänger ist, ist es ihm wichtig, auch Zeit allein zu verbringen. Einem Gruppentyp bedeuten dagegen die Freunde sehr viel. Den Menschen, in den wir uns verlieben, lieben wir meist auch wegen seiner Persönlichkeit oder seines Charakters. Am Einzelgänger finden wir dann zum Beispiel anziehend, dass er so autonom und selbstbewusst wirkt. Am Gruppentyp imponiert uns vielleicht, dass er mit allen gut klarkommt und viele Freunde hat. So kann es also im Grunde gar nicht in unserem eigenen Interesse liegen, dass jemand sein ganzes Leben für uns auf den Kopf stellt, denn dann wäre er ja nicht mehr der Mensch, in den wir uns verliebt haben. Und dasselbe gilt auch für dich selbst: Für den Partner alles andere stehen und liegen zu lassen, mag für eine kurze Zeit schön sein. Aber dann solltest du dich auch wieder auf die anderen Dinge besinnen, die dir vorher immer wichtig waren. Die eigene Identität für jemand anders aufzugeben, ist nie gesund. Ob mit oder ohne Partner: Du bleibst immer noch du – das macht dich attraktiv.

- ♥ *Gib deinem Partner den nötigen Freiraum:* Wenn dein Freund oder deine Freundin auch mal etwas ohne dich unternehmen möchte, solltest du versuchen, das nicht als Kritik oder Zurückweisung aufzufassen. Es ist in jeder Beziehung ganz normal, dass man auch mal kurze Auszeiten vom anderen braucht – und sei es nur für ein paar Stunden. Zwei Menschen, die ununterbrochen zusammen sind, haben sich irgendwann auch nichts mehr zu erzählen. Und wer sich auch mal »rar macht« und nicht permanent »zur Verfügung« steht, wird für den anderen eher attraktiver. Eine Klette, die sich einfach nicht abschütteln lässt, kann dagegen ganz schön nervig werden.

Liebeskummerfalle Nr. 3: Verrückt vor Eifersucht

Die meisten Menschen haben schon einmal erlebt, wie es sich anfühlt, so richtig eifersüchtig zu sein. Das muss gar nicht unbedingt mit einer Liebesbeziehung in Zusammenhang stehen – Eifersucht kann auch unter Geschwistern oder in anderen Situationen aufkommen. Wenn du das auch schon einmal erlebt hast, stimmst du mir vielleicht zu, dass Eifersucht ein extrem unangenehmes Gefühl ist. Du bemerkst, wie jemand einem anderen Menschen Aufmerksamkeit, Zeit, Zuwendung oder Liebe schenkt. Dieser Mensch wärst du gern selbst – du bist es aber nicht. Und das macht dich einfach wahnsinnig.

In so einer Stimmung geht innerlich vieles durcheinander: Du bist enttäuscht, verletzt, wütend, fühlst dich hilflos, übergangen und ungeliebt. Es ist wie ein Mix aus so ungefähr allen negativen Gefühlen, die wir jemals kennengelernt haben.

Nun gibt es Situationen, in denen so eine rasende Eifersucht durchaus verständlich ist. Es möchte ja niemand, dass der eigene Partner mit jemand anderem anbändelt. Die Grenze zwischen dem, was man dem anderen noch als freundschaftliche Geste durchgehen lässt oder als unbedeutenden Flirt toleriert und einem klaren Treuebruch verläuft für verschiedene Menschen allerdings sehr unterschiedlich. Gerade deshalb birgt dieses Thema in vielen Beziehungen ziemlich viel Konfliktpotenzial.

So richtig problematisch wird es jedoch, wenn ein Partner über die Maßen eifersüchtig ist. Was heißt das genau? Aus meiner Sicht sind folgende Verhaltensweisen ein Indiz für eine Form der Eifersucht, die die Beziehung über kurz oder lang zum Scheitern bringen wird:

Ein Junge will nicht, dass seine Freundin sich auf Partys mit anderen Jungs unterhält. Oder umgekehrt: Ein Mädchen verbietet ihrem Freund, sich mit anderen Mädchen zu unterhalten.

Ein Partner möchte, dass der andere ihm über jede ohne ihn verbrachte Minute Rechenschaft ablegt: Wo warst du? Was hast du gemacht? Mit wem? Gemeint ist hier nicht einfaches Interesse am Leben des anderen, sondern notorisch misstrauisches Nachfragen.

Ein Partner kontrolliert regelmäßig bei den Freunden des anderen, ob er/sie wirklich den und den Abend mit ihnen verbracht hat.

In solchen Fällen leidet jemand unter Eifersucht wie unter einer Krankheit: Er/sie eifert jemandem nach – und zwar so besessen, als sei er/sie regelrecht süchtig.

Die Geschichte von Sven zeigt, wie unbegründete Eifersucht eine Beziehung letztlich zerstören kann.

Die Geschichte von Sven

Wir waren 17 und kannten uns seit einem halben Jahr. Sie kam direkt aus Dänemark zu uns an die Schule in die elfte Klasse. Sie hat mir gleich gefallen. Schon weil sie so ein krasser Gegensatz zu meiner »verlorenen« ersten Liebe war. Hier jetzt eine blonde, gar nicht kühle Annika aus Skandinavien, im Gestern die dunkle Chiara mit den Wurzeln aus Italien und Ägypten. Es hatte eben doch bisweilen Vorteile, auf eine internationale Schule mit Internat zu gehen. Nach einigen Monaten der Annäherung an der Schule haben wir uns einen Tag vor Nikolaus das erste Mal geküsst. Eine super schöne Zeit begann, in der ich unter anderem eine wunderschöne dänische Weihnacht erleben durfte. Außerdem hat Annika mir sehr über den traurigen »Abschied« von Chiara hinweggeholfen. Alles war gut.

Im Frühjahr des Folgejahres kam es dann zu einem sehr beeindruckenden Ereignis, das in seiner Heftigkeit und Eindringlichkeit bis heute nachwirkt. Annika wusste um meine verlorene Liebe, auch um das Wie und Warum und zeigte sich bis dato sehr tolerant und verständig. Chiara hatte mir den Laufpass gegeben, ich war damals 15 und Chiara 19 Jahre alt, es war also eigentlich absehbar, aber im Kopf eines 15-Jährigen leider nicht. Ich hatte fast zwei Jahre damit zu kämpfen und zu tun – eben bis Annika kam und mich »erlöst« hat, aus dem Frust, aus der Verletztheit, aus den Drogen, aus der Starrheit.

Ich war definitiv neu verliebt – in Annika. Bis zu dem Tag, als sie zwei Fotos von Chiara in meinem Zimmer entdeckte. (Chiara war längst von der Schule gegangen, Annika hat sie nie persönlich kennengelernt, sondern nur aus meinen Erzählungen.) Jetzt wollte sie die Fotos unbedingt sehen und ich habe mir nichts weiter dabei gedacht, als sie plötzlich das erste Bild einfach in kleine Stücke zerriss und vieles auf Dänisch zu mir sagte, was ich trotz der Brocken, die ich mir inzwischen angeeignet hatte, nicht verstand – es war auf jeden Fall weder freundlich noch angenehm. Das zweite Bild konnte ich ihr wieder entreißen und wollte es zur Erinnerung auch gern bewahren, aber Annika wurde fuchsteufelswild. Sie fing an, mich zu schlagen und zu kratzen – sie wurde richtig brutal und schrie dabei (ohne Tränen). Ich habe überhaupt nichts verstanden und nach einigen Minuten der Rangelei nachgegeben, weil es mir einfach zu blöd wurde. Genug blaue Flecken, sichtbare und unsichtbare, gab es dann schon.

Anschließend hat Annika auch das zweite Bild komplett zerstückelt, dann kamen die Tränen. Bei mir war dagegen nur Wut und Unverständnis. Wie konnte jemand auf alte Bilder einer verflossenen Liebe so eifersüchtig sein, wo wir doch im Hier und Jetzt so gut miteinander waren? Unglaublich und sehr verletzend, denn sie hatte damit einen Teil meiner Biografie einfach vernichtet. Danach war auch erst einmal Funkstille. Nach ein paar Tagen hat Annika sich entschuldigt und ich konnte ihr verzeihen, wenngleich der »Kratzer« immer geblieben ist.

Nach einigen Wochen kam es noch einmal zu einer merkwürdigen Szene, die zwar nicht ganz so heftig war, aber dennoch unschön. Auf der Geburtstagsparty eines Freundes unterhielt ich mich mit dessen Schwester über ein Konzert, auf dem wir beide waren. Annika stellte sich nach ein paar Minuten zu uns und wurde sichtlich nervöser, je länger die Unterhaltung dauerte. Schließlich sagte sie schroff: »So, das reicht jetzt!«, und zog mich heftig am Arm weg bis in den Flur. Ich war vollkommen perplex, während Annika mir wieder auf Dänisch irgendwelche unverständlichen Vorwürfe machte. Schließlich wurde ich stocksauer, drehte mich um und betrank mich den Rest des Abends mit Wodka-Lemon. Annika ging dann allein nach Hause. Am nächsten Tag rief sie mich an und entschuldigte sich wieder. Sie sei so schrecklich eifersüchtig, gestand sie mir. Manchmal gingen einfach die Pferde mit ihr durch. Wieder verzieh ich ihr.

In den nächsten Monaten gab es in regelmäßigen Abständen immer wieder solche Zwischenfälle, die das Zusammensein nach und nach ein wenig vergifteten. Immerhin haben wir es aber doch noch fast zwei Jahre miteinander geschafft. *Und ich möchte diese Zeit nicht missen, denn wir hatten auch sehr schöne Erlebnisse zusammen. Heute telefoniere ich mit Annika zweimal im Jahr und bin froh, dass sie in meiner Welt immer noch einen Platz hat.*

Wie du dieser Liebeskummerfalle ausweichen kannst:
Wenn du selbst sehr oft oder schnell eifersüchtig bist:

💜 *Frag andere nach ihrer Einschätzung:* Der erste Schritt, um aus der Sucht namens Eifersucht herauszukommen, besteht darin, sie zu erkennen. Wenn du mit deinem Partner/deiner Partnerin wiederholt in Konflikte wegen deiner Eifersucht gerätst, bitte einfach mal andere nach ihrer ehrlichen Meinung. Denken deine Freundinnen oder Freunde, dass du unangemessen reagierst? Wie sehen deine Eltern oder andere Vertrauenspersonen die Situation? Welchen Rat geben sie dir? Dieser Tipp funktioniert allerdings nur, wenn du bereit für eine ehrliche Antwort bist. Du solltest sichergehen, dass die Menschen, die du fragst, sich nicht aus Loyalität einfach auf deine Seite schlagen, sondern wirklich sagen, was sie darüber denken.

💜 *Sprich mit deinem Partner/deiner Partnerin über deine Eifersucht:* Wenn du feststellst, dass du tatsächlich zu übertriebener Eifersucht neigst, solltest du offen mit deinem Freund/deiner Freundin darüber sprechen. Erzähl ihm, wie es dir in solchen Situationen geht, und bitte ihn um Verständnis und Geduld. Wichtig ist jedoch: Zeig ihm/ihr, dass du bereit bist, das Problem anzugehen und dass du versuchen wirst, dein Verhalten zu verändern.

- *Vertrau dich einem Erwachsenen an und suche eventuell einen Arzt oder Psychologen auf:* In der Regel hat übermäßige Eifersucht ihre Ursache in der Kindheit. Vielleicht haben deine Eltern sich getrennt oder du hast früh den Verlust einer wichtigen Vertrauensperson erlebt. Auch Kinder, die adoptiert wurden oder in Pflegefamilien aufwachsen, haben später oft mit Eifersucht zu kämpfen. Wie auch immer deine Geschichte lautet: Du trägst daran keine Schuld. Und: Es ist möglich, die Eifersucht loszulassen. Durch Gespräche mit den Eltern oder vielleicht mit der Unterstützung eines Psychologen wird dir das allerdings wesentlich leichter fallen als allein. Dabei geht es nicht darum, dass du irgendwie falsch bist, sondern dass es dir selbst mit deinen Gefühlen besser geht.

Wenn dein Freund/deine Freundin sehr oft oder schnell eifersüchtig ist:

- *Sprich mit ihr/ihm über das Thema Eifersucht:* Wenn deine Partnerin oder dein Partner aus deiner Sicht sehr häufig grundlos eifersüchtig ist, solltest du versuchen, mit ihr/ihm darüber zu reden. In der Situation selbst, in der mit ihr/ihm alle Pferde durchgehen, hat das allerdings wenig Sinn. Der/die andere ist dann von den eigenen Gefühlen so überwältigt, dass er wahrscheinlich gar nicht richtig zuhören kann. Am besten wählst du einen ruhigen Moment, in dem ihr genug Zeit für ein längeres Gespräch habt. Wahrscheinlich wird deine Freundin/dein Freund eher bereit sein, über ihr/sein Problem zu sprechen, wenn du ihr/ihm mit Verständnis entgegentrittst und nicht mit Vorwürfen.

♥ *Sucht euch einen Vermittler:* Manchmal hilft auch ein Gespräch im Beisein einer dritten Person, die bei Konflikten vermittelt. Vielleicht könnt ihr euch gemeinsam auf jemanden einigen, dem ihr beide vertraut und dessen Urteil ihr schätzt. Das kann ein Erwachsener sein oder ein gemeinsamer Freund.

♥ *Zeige ihm/ihr, wo deine Grenzen sind:* Aus Liebe sind Menschen bereit, große Kompromisse einzugehen. Wahrscheinlich möchtest du nicht, dass sich dein Freund/deine Freundin deinetwegen schlecht fühlt. Vielleicht hast du deshalb sogar schon mal auf irgendetwas verzichtet, was du normalerweise gern gemacht hättest – zum Beispiel ohne ihn/sie mit der Clique auszugehen, weil er/sie sonst wieder so eifersüchtig reagiert hätte. Solange du dich mit solchen Zugeständnissen gut fühlst, gibt es kein Problem. Wenn du dich jedoch ständig eingeengt, gemaßregelt oder unter Druck fühlst, solltest du ihr freundlich, aber bestimmt klarmachen, dass das nicht in Ordnung ist. Biete an, ihr/ihm bei der Bewältigung dieses Problems zu unterstützen, aber mache auch deutlich, dass du auf Dauer nicht bereit bist, dieses Verhalten zu akzeptieren.

Liebeskummerfalle Nr. 4: Untreue

Kein Weg ist kürzer, um eine Liebesbeziehung zum Scheitern zu bringen, als dem Partner untreu zu sein. Egal, ob es sich um einen angeblich »unbedeutenden« Ausrutscher oder um eine handfeste Affäre handelt – wer fremdgeht, verletzt nicht nur den anderen, sondern auch ein Prinzip, das die Basis für jede Liebesbeziehung darstellt: Vertrauen.

Und das gilt gleich in zweifacher Weise: Denn Menschen, die von ihrem Partner betrogen wurden, leiden nicht nur unter diesem Treuebruch, sondern auch darunter, dass sie – manchmal sogar über einen langen Zeitraum – belogen und hintergangen wurden. »Wer einmal lügt, dem glaubt man nicht« – in diesem Sprichwort liegt viel Wahrheit. Denn wer wäre nicht misstrauisch, wenn er einmal eine solche Erfahrung gemacht hat?

Doch was heißt eigentlich Untreue? Muss der Partner mit jemand anderem Sex haben, damit das als Treuebruch gilt? Oder reicht schon ein Kuss, den er oder sie jemandem zum Abschied gegeben hat? – Eine allgemeingültige Definition, was als Fremdgehen zählt, gibt es freilich nicht. Natürlich muss es erlaubt sein, einen Freund oder eine Freundin mal in den Arm zu nehmen, weil er oder sie gerade Kummer hat und Trost braucht. Alles, was mit sexuellen Gefühlen einhergeht, sollte man dagegen tunlichst unterlassen – und das beginnt beispielsweise schon bei einer heimlichen Party-Knutscherei.

Auf der sicheren Seite bist du, wenn du solche Fragen

ganz offen mit deinem Freund/deiner Freundin besprichst. Was ist für den anderen noch okay und was nicht? Im Zweifelsfall kannst du dich ja auch selbst fragen, ob du es gut fändest, wenn dein Partner/deine Partnerin sich so verhalten würde, wie du es gerade tust. Denn was für sie/ihn gilt, sollte für dich ebenso verbindlich sein.

Die folgende Geschichte von Nina zeigt, wie viel Schaden man in einem Menschen anrichten kann, wenn man sein Vertrauen missbraucht.

Die Geschichte von Nina

Meinen dritten Freund, Jasper, hatte ich, als ich in der neunten Klasse war, und den fand ich einfach nur toll. Ich war wirklich verliebt und es ging alles ziemlich schnell mit uns. Allerdings haben wir uns nur selten gesehen, weil er angeblich immer lernen musste, dabei war er den ganzen Tag online, aber darüber hab ich irgendwie hinweggesehen. Ich war einfach froh, wenn er bei mir war. Er war auch der erste Junge, dem ich den Satz der Sätze gesagt hab. Und er hat zu mir auch solche Sachen gesagt, zum Beispiel, dass er mich nie mehr loslässt, und ich hab's geglaubt.

Nach etwa zwei Monaten kamen Freunde aus Hamburg nach Berlin, und eigentlich sollte ich sie kennenlernen. Dieses Treffen fand aber nicht statt. Im Chat hat er mir dann gesagt, dass es ihm leidtue, aber er hätte mit einer Freundin aus Hamburg gekuschelt und wisse nicht mehr, was er fühlt. Ich saß da und in mir brach wirklich eine Welt zusammen. Alle meine Freunde hatten mir schon gesagt, dass er ein Idiot ist – nur ich habe es nicht wahrhaben wollen! Ich hab geweint und schon fast geschrien vor Verzweiflung.

Irgendwann hat er ein Webcam-Gespräch angeboten, und ich dachte mir, dass er ruhig sehen soll, was er angerichtet hat. Also hab ich's angenommen, auch um sein Gesicht zu sehen, wie er sich geschämt hat. In der Nacht hab ich nicht geschlafen und am nächsten Tag habe ich mich mit Freunden getroffen, die mich ablenken wollten. Das hat auch ganz gut geklappt, aber als ich wieder zu Hause war, konnte ich wieder gar nichts tun, außer zu weinen. Jedes Pärchen, das ich in der Zeit auf der Straße gesehen habe, fand ich einfach zum Kotzen. Ich hab mich allein und betrogen gefühlt – und trotzdem wollte ich ihn nur zurückhaben.

Drei Wochen später haben wir ein Gespräch geführt und kamen wieder zusammen. Meine Freunde waren total sauer auf mich und es war nicht einfach, sich da zu verteidigen, aber für mich zählte nur, dass er wieder bei mir war. Alles war vergessen. Dieser zweite Anlauf hielt auch wieder nur circa zwei Monate und dann war alles wie vorher. Wir sahen uns selten und ich hab alles schöngeredet. Ich habe gemerkt, dass da irgendwas war, wenn wir zusammen waren, aber ich wollte es wieder nicht wahrhaben. Und dann kam es, wie es kommen musste: Irgendwann gestand er mir, dass er sich in eine andere verknallt hat. »Was sollen wir jetzt machen?«, fragte er mich. – Das war die dümmste Frage, die mir je gestellt wurde!

Ich saß da und konnte kaum noch atmen, weil ich so geweint hab und das alles nicht fassen konnte. Ich dachte mir nur: *Wieso ich? Warum passiert mir so was? Ich sagte dann, dass wir Schluss machen, was sonst? So war's dann auch.*

Danach war ich monatelang nur traurig: wenn ich allein zu Hause war, morgens in der Schule, auf dem Nachhauseweg, beim Shoppen und was weiß ich, wo noch überall. Alles hat mich immer nur an Jasper erinnert und ich war neidisch auf andere Pärchen. Es war kaum auszuhalten. Einmal habe ich sogar in der Schule im Unterricht 45 Minuten durchgeweint, und als ein Freund mich dann fragte, ob ich wieder Stress mit meinem Freund habe, bin ich komplett ausgerastet. Ich habe ihn angeschrien, dass ich keinen Freund mehr habe, und bin auf die Toilette gerannt. Da habe ich mich dann erst mal beruhigt, aber der Tag war für mich gelaufen.

Es dauerte, wie gesagt, Monate, bis es mir besser ging. Irgendwann kamen die Gefühle der Einsamkeit und Traurigkeit nur noch abends, wenn ich im Bett lag, oder wenn ich mit einer Freundin mal wieder drüber geredet habe, aber die Tränen konnte ich irgendwann zurückhalten. Ich hab zu der Zeit auch in einer Band gesungen und ein Lied über ihn geschrieben. Das hat mir sehr geholfen, und als ich den Song das erste Mal auf der Bühne gesungen habe, hatte ich eine richtige Wut im Bauch, aber die war richtig, danach war es für mich im Großen und Ganzen abgeschlossen.

Das Schlimmste an dem Ganzen war, dass viele Freunde nur meinten, dass sie es mir ja gleich gesagt hätten. Des-

halb musste ich mit dem Liebeskummer irgendwie alleine klarkommen, alles mit mir selbst ausmachen.

Wie du dieser Liebeskummerfalle ausweichen kannst:

♥ *Mach dir bewusst, dass Liebe ein Geschenk ist*: Niemand hat ein Anrecht auf die Zuwendung eines anderen Menschen. Leider gerät diese Erkenntnis manchmal in Vergessenheit, wenn eine Beziehung schon länger besteht. Vielleicht hast du selbst schon einmal bemerkt, dass du ganz bestimmte Erwartungen an deinen Freund/deine Freundin hattest und ganz empört warst, als er/sie sie nicht erfüllte. Oder du hast schon mal deine schlechte Laune an ihm/ihr ausgelassen und dir gar keine Gedanken darüber gemacht, dass das eigentlich nicht in Ordnung war. – Wer die Liebe eines anderen Menschen nicht als Geschenk betrachtet und sie jeden Tag aufs Neue wertschätzt, muss sich nicht wundern, wenn er/sie sie eines Tages jemand anders schenkt.

♥ *Sei ehrlich, auch wenn es schwerfällt*: Nehmen wir einmal an, ES ist dir einfach passiert. Du bist fremdgegangen, obwohl du deinen Partner/deine Partnerin liebst und sie/ihn auf keinen Fall verlassen möchtest. Und nun läufst du mit einem unendlich schlechten Gewissen durch die Welt und traust dich nicht, dem anderen zu beichten, was vorgefallen ist. Ich kann dir in dieser Situation nur raten: Nimm deinen ganzen Mut zusammen und bitte sie/ihn um ein Gespräch. Nur dadurch kannst du einerseits das Vertrauen wieder aufbauen, das du mit deinem Verhalten missbraucht hast. Und andererseits gehst du nur so sicher, dass deine Partnerin/dein Partner die Geschichte von dir selbst erfährt und nicht von Dritten. Denn aus Erfahrung weiß ich: Am Ende kommt ein Seitensprung so gut wie immer raus – und jede andere Art und Weise wäre tausendmal schlimmer, als wenn er/sie es von dir selbst erfährt. Allerdings darfst du anschließend keine Absolution für deinen Mut und deine Ehrlichkeit erwarten. Oft braucht der andere Zeit, um das, was er gerade erfahren hat, zu verarbeiten. Zu einer Heldin oder einem Helden macht die Beichte dich in den Augen deiner Freundin/deines Freundes ja trotzdem nicht gerade.

♥ *Frag dich, welches Motiv hinter deinem Verhalten steht:* Wenn du zu den Menschen gehörst, die meinen, solche »kleinen Abenteuer« nebenbei seien doch gar nicht so dramatisch, rate ich dir, deinen eigenen Motiven einmal auf den Grund zu gehen. Notorische »Fremd-Flirter« oder Fremdgeher haben häufig ein extrem geringes Selbstwertgefühl und suchen nach Bestätigung. Sie sind ständig dabei, den eigenen »Marktwert« zu testen. Die Verletzung, die das beim Partner verursacht, nehmen sie dafür offenbar in Kauf. Aus meiner Sicht zeigt ein solches Verhalten allenfalls, dass jemand einfach nicht reif ist für eine echte Beziehung.

Liebeskummerfalle Nr. 5:
Verliebt in einen Erwachsenen

Wenn wir im Teenageralter beginnen, uns für das andere Geschlecht zu interessieren (oder manchmal auch für das gleiche), sehen wir einige Menschen plötzlich mit ganz anderen Augen. Erwachsene schienen vorher eine ganz andere Spezies zu sein, die mit uns selbst nur entfernt zu tun hatte. Jetzt finden wir manche von ihnen besonders nett, interessant, attraktiv oder sogar sexy.

Ob es die Mutter eines Freundes, dein Mathelehrer, der Schwimmtrainer oder eine Nachbarin ist: Vielleicht ging es dir auch schon mal so, dass du die Aufmerksamkeit eines/einer Erwachsenen ganz besonders genossen hast. Es ist ja auch vollkommen in Ordnung, einen anderen Menschen nett oder sogar attraktiv zu finden. Problematisch wird es bloß, wenn sich auf einmal alles nur noch um diese Person dreht. Wenn du zum Training gehst, bloß um deinen Schwimmtrainer zu sehen, und du dir jeden Abend ausmalst, wie es wäre, allein mit ihm in einem einsamen See zu baden, hast du dich wohl ziemlich in ihn verknallt. Oder wenn du ständig darauf drängst, deinen Kumpel bei ihm zu Hause zu treffen, nur weil du hoffst, dort seiner Mutter zu begegnen, solltest du dich auch fragen, was du dir davon erhoffst.

Schwärmereien für Erwachsene sind im Teenageralter ganz normal. Allerdings ist es ein sehr schmaler Grad zwischen einer Schwärmerei, die eigentlich Spaß macht, zu einer Verliebtheit, die dir auf die Dauer nichts als Kummer bereiten wird. Denn leider bleibt eine solche Liebe in 99,9 Prozent der Fälle unerfüllt. Und das ist auch gut so, schließlich macht sich ein Erwachsener sogar strafbar, wenn er mit einem/einer Minderjährigen eine Liebesbeziehung eingeht.

Wie es der 17-jährigen Jennifer mit ihrem Lehrer ergangen ist, erzählt sie in ihrer Geschichte.

Die Geschichte von Jennifer
Ich war etwa 17, als ich mit meinen Eltern von Frankfurt nach Hamburg zog. Besonders glücklich war ich darüber nicht – meinen Freundeskreis und die vertraute Umgebung zurückzulassen und mir alles neu aufbauen zu müssen, das fand ich schon ziemlich bescheuert. Von dem Freund, den ich zu der Zeit hatte, trennte ich mich, aber das war nicht so wild, denn unsere Beziehung hatte sich eh schon halbwegs erledigt. Zumindest in der Hinsicht also kein Drama.

Irgendwann kam natürlich der erste Tag in der neuen Schule. 1000 Mal habe ich hin und her überlegt, was ich anziehe – denn ich wollte auf keinen Fall zur Außenseiterin werden, nur weil mein Style vielleicht nicht stimmte. Ich hatte aber Glück. Viele Kurse hatte ich mit denselben Leuten, mit denen ich auch sofort gut klarkam. Die erzählten mir vor jedem neuen Kurs, wer da unterrichten würde und wie er oder sie jeweils so drauf war. Am zweiten Tag wurde mir für mein größtes Horrorfach – Englisch – Herr G. als ein »ziemlich cooler Typ« versprochen, bei dem der Unterricht Spaß machen würde. Das klang ja schon mal ganz gut, denn bis dahin hatte ich von Englisch echt keinen Plan.

Wir sitzen also in dem Raum, die Tür geht auf – und bei mir machte es nur noch ZONNNGGG! Der Typ, der da reinkam, hätte auch einer aus dem 13. Jahrgang sein können, so jung sah der noch aus. Blond, braun gebrannt, athletischer Body. Da gab's nichts dran auszusetzen. Und dann diese Augen ... Ich muss mit offenem Mund dagesessen haben, denn meine Nachbarin Lena (die innerhalb kürzester Zeit meine beste Freundin und damit auch die größte Stütze in den kommenden Katastrophenmonaten werden sollte) stupste mich an. Weil ich nichts sagte, tat sie das: »Mr G., we've got someone newly here!« Mr G. grinste und antwortete: »Someone NEW, Lena. You really should know that by now!« Lena grinste zurück und meinte: »Egal – her name is Jennifer and she's from Frankfurt.« Mr G. sah mich an und fragte: »Jennifer, are you able to speak for yourself? Or do you need Lena for that?« Obwohl ich aus seinem Blick erkannte, dass er das witzig und freundlich meinte und ich außerdem – oh Wunder! – alles verstanden hatte, war ich total unfähig zu antworten. Dabei war ausnahmsweise mal nicht die englische Sprache das Problem, aber außer einem »Äh ... äh ... äh ...« brachte ich nichts heraus. Mr G. ließ jedoch nicht locker: »Ok, you've got a voice. That's a start, don't you think?« Ich presste mir ein »yes« über die Lippen und muss knallrot geworden sein, so heiß fühlte sich mein Gesicht an.

So lernte ich sie also kennen, die vermeintliche »große Liebe«. Vor jeder Englischstunde war ich nun immer aufgeregt statt abgenervt wie früher. Und auf einmal fiel mir Englisch auch leichter – weil ich mich bei den Hausaufgaben endlich mal dahinterklemmte, anstatt sofort aufzugeben, wenn ich mal wieder nichts verstand. Denn ich wollte mich ja nicht wieder im Unterricht blamieren. Oft lobte mich Mr G. dann für meine gute Aussprache, meine fehlerfreien Hausaufgaben oder meine gute Mitarbeit im Unterricht. Ich nahm das alles als Zeichen dafür, dass er mich auch toll fand.

Lena durchschaute bald, was da mit mir ablief. Vernünftig wie sie war, riet sie mir dringend davon ab, mich in etwas hineinzusteigern, was doch eh nix bringen würde. Heute weiß ich, dass sie recht hatte, aber damals hörte ich nicht darauf, denn ich war schon viel zu verknallt. Tag und Nacht träumte ich von Mr G., stellte mir vor, wie wir unseren ersten gemeinsamen Liebesurlaub verbringen, unsere Zukunft gestalten würden. Denn – er wollte es doch auch! Zumindest dachte ich so, weil er ja so nett zu mir war. Dass er das zu allen anderen auch war, weil er nun mal einen guten Draht zu seinen Schülerinnen und Schülern hatte, sah ich natürlich nicht. Für mich gab es nur die Gewissheit, dass er es längst wusste und fühlte.

Und irgendwann hielt ich es nicht mehr aus. Ich musste es ihm sagen. Ich hatte mir immer verkniffen, Herzen auf meine Klausuren zu malen, ihm Briefe zu schreiben, ihn anzurufen … Oder besser gesagt: Lena hatte es mir strikt verboten. *Aber jetzt musste es mal raus. Also fing ich ihn an einem Freitagnachmittag an seinem Auto ab. Als er auf mich zukam und – natürlich – sein unwiderstehliches Lächeln im Gesicht hatte, wurden mir die Knie weich, und nur mit Mühe brachte ich mein »Herr G., wir müssen mal reden!« heraus. Er sah mich erwartungsvoll an und sagte dann, weil ich nichts mehr sagte: »Jenny, Sie müssen sich keine Gedanken machen. Ich glaube, dass Sie die Kurve kriegen werden. Sie sind doch schon dabei.« O.K., dachte ich, wenn das SO einfach ist – und haute ihm mein »Ich hab mich echt total in Sie verliebt« um die Ohren. Oh Mann! Hatte ich das wirklich gesagt? Laut?*

Er sah mich entgeistert an. Wir müssen uns minutenlang wie hypnotisierte Kaninchen angestarrt haben – jedenfalls kam es mir so lange vor. Er fing sich als Erster und sagte: »Äh ... ich meinte eigentlich Ihre Englischnote.« Dabei guckte er immer noch dermaßen entsetzt und mir dämmerte in dem Moment: Er hatte weder was gewusst noch gefühlt. Er war vollkommen ahnungslos, und ich hatte ihn kalt erwischt. Weil ich immer noch nichts sagte und mir einfach nur wünschte, dass diese verdammte Erde sich endlich auftun und mich verschlucken sollte, redete er weiter: »Jenny, was Sie da sagen, schmeichelt mir natürlich. Aber auch wenn ich Ihre Gefühle verletzen muss: Ich lebe seit Jahren in einer festen Partnerschaft und heirate nächstes Jahr. Ich erwidere Ihre Gefühle nicht und würde, wenn ich es täte, ihnen auch nicht nachgeben. Schließlich sind Sie meine Schülerin.« Für eine Sekunde hasste ich ihn, diesen

Pädagogen, der mir da irgendwelchen professionellen Sülz vorsetzte. Und dann brach meine Welt vollends zusammen. Ich drehte mich weg und rannte ohne ein weiteres Wort davon.

Erst mal in den Park. Dort setzte ich mich auf eine halbwegs abgelegene Bank und heulte und heulte und heulte. In mir war ein Felsbrocken aus Schmerz, Enttäuschung – und Scham. Denn außer meinem Liebeskummer, der sich in diesem Moment schon in mir breitmachte, quälte mich das Wissen, mich total zum Affen gemacht zu haben.

Irgendwann versuchte ich, Lena zu erreichen, hatte aber nur die Mailbox dran. Ja klar, Freitagnachmittag, Lena hat Volleyball-Training. Also musste ich erst mal alleine klarkommen, was mein Elend zusätzlich vergrößerte. Ich tat mir unendlich leid. Nach Hause wollte ich nicht, denn da würde meine Mutter mich fragen, was denn los sei. Das hätte mir gerade noch gefehlt. Ich machte meinen MP3-Player an und hörte ein trauriges Lied nach dem anderen. Und heulte einfach weiter.

Langsam wurde es dunkel, ich fror und meine Mutter hatte schon versucht, mich auf dem Handy zu erreichen. Anscheinend machte sie sich langsam Sorgen. Ich raffte mich also auf und robbte mich gefühlt auf allen vieren nach Hause. Dort stand, wie erwartet, meine Mutter und wollte mich gerade mit einem Schwall von Vorwürfen überschütten, als sie mein verheultes Gesicht sah. Sofort änderte sich ihr Gesichtsausdruck: »Um Himmels willen, Jenny! Was ist denn los?« »Nicht fragen, Mama. Einfach nicht fragen.«

Meine Mutter wurde fast hysterisch. »Hat dir jemand was getan? Dich überfallen? Dich angefasst?«

»Nein, Mama, es ist nichts passiert. Ich bin einfach nur traurig. Nicht fragen, okay?« Anscheinend ahnte meine Mutter jetzt, in welche Richtung mein Problem ging. Sie sagte nichts mehr, nahm mich einfach in den Arm und ließ mich in Ruhe ausheulen. Irgendwann fragte sie: »Appetit hast du wohl keinen grad, hm?«

»Nee. Ich geh nach oben. Ins Bett.«

Das Wochenende war die Hölle. Lena war Dauergast bei mir und hörte sich tapfer wieder und wieder an, wie sehr ich ihn doch lieben würde, was für ein Arsch er ist und wie peinlich diese ganze Aktion doch war. Sie ließ mich einfach reden, widersprach zunächst nicht, sagte nur: »So ist es jetzt eben. Das kannst du nicht mehr ändern.«

Am Samstagabend betrank ich mich ziemlich. Am Sonntag wachte ich mit einem dicken Schädel auf. Erst gegen Mittag konnte ich einigermaßen klar denken. Ich hatte das dringende Bedürfnis, mit Lena zu klären, wie es denn jetzt weitergehen und wie ich mich am besten verhalten sollte. Ich hatte keine Ahnung. Am liebsten wäre ich gar nicht mehr zur Schule gegangen und überlegte, meine Mutter zu bitten, mir eine Entschuldigung zu schreiben. Lena meinte, dass das keine gute Idee sei, denn das würde das Ganze ja nur rauszögern, aber nicht lösen. Ich sollte am Montag ganz normal wieder zur Schule gehen. Außer mir, ihr und Mr G. wisse ja niemand davon und montags hätten wir doch eh kein Englisch. Eine gute Gelegenheit also, ein bisschen zur Schule gehen zu »üben«. Abgesehen davon, dass mir eh schon total schlecht war – nichts gegessen, zu viel getrunken und dann dieser verdammte Knoten in meinem Herz – machte mir dieser Gedanke zusätzlich einen Knoten in den Magen. Aber ich wusste, dass sie recht hatte und ich da jetzt durchmusste.

Am Montag lief mir Mr G. natürlich prompt in die Arme – Pausenaufsicht, na klar! Das hatte ich in meinem Elend total vergessen. Mir wurden die Knie weich, nicht nur, weil mir das alles so peinlich war, sondern vor allem, weil er einfach wieder sensationell aussah. Mein Herz drehte sich und es tat so wahnsinnig weh. Dann entdeckte er mich, sah mich kurz an, lächelte und drehte sich weg. Ich flippte schier aus. Gott sei Dank kam Lena in diesem Moment dazu und fragte, was denn los sei. Ich erzählte es ihr. Darauf knuffte sie mich am Arm und brüllte mich fast an: »Sei doch froh, Mensch! Er lächelt, weil er dich immer noch mag. Und er guckt weg, um dir die Peinlichkeit zu ersparen. Raffst du das gar nicht?« Sie hatte recht. Mal wieder. Ich hatte das tatsächlich nicht gerafft, sondern war einfach nur tödlich getroffen und beleidigt. Ich konnte einfach nicht mehr klar denken, was ich auch schon in den ersten beiden Stunden gemerkt und zu spüren bekommen hatte. Und was auch die nächsten Tage erst mal so weiterging.

Am schlimmsten war natürlich die erste Englischstunde nach meinem »Outing«. Aber wie schon in der Pause machte mir Mr G. das Leben nicht noch schwerer. Er ließ mich einfach in Ruhe und machte das auch so geschickt, dass es nicht auffiel. Wenn er nur nicht so unwiderstehlich gewesen wäre ... Ich musste mir permanent verbieten, mir schöne Sachen mit ihm auszumalen. Immer geschafft habe ich das nicht und wurde dadurch natürlich noch trauriger.

Aber irgendwann fing ich wieder an normal zu essen. Durch das viele Weinen war ich abends immer sehr müde und konnte immerhin einigermaßen gut schlafen. Mr G. tat weiter so, als sei nichts gewesen, wofür ich ihm bis heute sehr dankbar bin. Komischerweise stellte sich bei mir nach einer gewissen Zeit so etwas wie Wut oder Trotz ein. Dem wollte ich es zeigen. Und ich fing wieder an, mich am Unterricht zu beteiligen. Meine Ergebnisse wurden besser und besser. Auch dieses Peinlichkeitsgefühl wurde immer schwächer. Womit ich allerdings noch länger zu tun hatte, war die Anziehung, die er auf mich ausübte und der ich mich ja nicht entziehen konnte. »Aus den Augen« hätte sicher irgendwann auch »aus dem Sinn« bedeutet, aber so? Ihn jede Woche zweimal zu sehen, hat das Ganze schon sehr schwer für mich gemacht.

Die Zeit heilt alle Wunden. Blöder alter Spruch, aber auch wahr. Es braucht zwar lange, aber irgendwann ist man tatsächlich geheilt. Wenn ich heute daran denke, dass er mit seinen damals 33 fast doppelt so alt war wie ich, also eigentlich uralt, schüttelt es mich fast. Und meine große Liebe würde ich heute eher als Hardcore-Schwärmerei, höchstens als Verliebtheit bezeichnen. Mit richtiger, tiefer Liebe hatte das, glaube ich, gar nicht so viel zu tun. Aber gelitten habe ich wie ein Hund. Wochenlang, monatelang.

Wie du dieser Liebeskummerfalle ausweichen kannst:

● *Mach dir bewusst, dass der Erwachsene sich strafbar macht, wenn er mit dir eine Beziehung einginge*: Sexuelle Beziehungen zwischen Erwachsenen und Schutzbefohlenen sind prinzipiell verboten. Der Erwachsene kann dafür mit bis zu fünf Jahren Gefängnis bestraft werden. Das gilt für Lehrer genauso wie für Trainer, Lehrer an der Musikschule oder Erwachsene in ähnlichen Funktionen. Würdest du wollen, dass dein Angebeteter/deine Angebetete in eine solche Lage kommt? Wahrscheinlich nicht. Also bleibt dir nichts, als zu warten, bis du 18 bist und außerdem die Schule beendet hast. – Und wer weiß, was bis dahin ist. Vielleicht ist dir in der Zwischenzeit ja ein cooler Typ bzw. ein tolles Mädchen in deinem Alter über den Weg gelaufen …

● *Frag dich, wohin eine solche Beziehung führen würde*: Nehmen wir einmal an, der/die andere erwidert deine Gefühle und ihr hättet eine Liebesbeziehung. Wie würde euer Alltag dann aussehen? Solange du nicht 18 bist, müsstet ihr eure Liebschaft wohl in den allermeisten Fällen geheim halten. Das heißt: Man kann weder gemeinsam ins Kino gehen noch auf die Geburtstagsfeier eines Freundes oder wohin auch immer. Vielleicht ist der andere/die andere sogar verheiratet oder lebt in einer festen Beziehung. Das würde die Sache sogar noch komplizierter machen. Auch bei deinen Eltern wird so eine Konstellation wohl nicht besonders gut ankommen. Eine Schwiegertochter bzw. ein Schwiegersohn, der quasi in ihrem Alter ist – das haben sie sich wahrscheinlich nicht so vorgestellt … Und dann all die anderen Hürden, die sich euch in den Weg stellen werden: Er/sie ist schon total etabliert, du bist gerade erst dabei, deinen Weg zu entdecken. Er/sie verdient vielleicht viel Geld und kann sich Urlaubsreisen und vieles andere leisten, während du da nicht annähernd mithalten kannst und immer darauf angewiesen bist, eingeladen zu werden. Auch kein schönes Gefühl. Kurzum: Vielleicht entpuppt sich Wolke 7 am Ende doch als recht steiniger Weg. Überleg dir also noch mal in Ruhe, ob du so etwas wirklich willst.

♥ *Halt dich, so gut es geht, von deiner/deinem Angebeteten fern*: Ich empfehle dir unbedingt, die andere/den anderen nicht mit Briefen, SMS, E-Mails etc. zu traktieren. Versuch nicht, bei jeder Gelegenheit mit ihm/ihr zu flirten, und lauer ihm/ihr nicht an seinem/ihrem Auto oder vor der Wohnungstür auf. All das bringt nicht nur den Erwachsenen/die Erwachsene in eine ziemlich blöde Situation – es hält auch das Feuer in deinem Herzen immerzu am Lodern und verlängert allenfalls dein unglückliches Verliebtsein. Natürlich kann dir niemand verbieten, von ihm/ihr zu träumen. Aber wenn diese Träumereien zur Qual werden, solltest du dich einem Freund/einer Freundin oder einer anderen Vertrauensperson mitteilen. Meistens hilft es schon, einfach mal über die eigenen Gefühle zu sprechen, damit sich die Dinge wieder ein wenig zurechtrücken. In der Geschichte von Jennifer waren die Ratschläge ihrer Freundin Lena sehr hilfreich. – Und hätte Jennifer schon etwas früher darauf gehört, wäre ihr wohl einiges erspart geblieben.

Liebeskummerfalle Nr. 6:
Verliebt in einen Star

Liebeskummer erleben wir nicht nur, wenn wir von einem anderen Menschen verlassen wurden, sondern manchmal auch, wenn eine Liebe sich nicht erfüllt. Wir schwärmen für den/die Angebetete/n, aber wie es das Schicksal so will, bleibt er/sie immer unerreichbar.

Und anstatt uns anderen Menschen zuzuwenden, sind wir mit unserer Aufmerksamkeit nur noch in der Ferne, in unseren Träumen. Womöglich reißt sich in der »realen Welt« in deiner unmittelbaren Umgebung gerade jemand ein Bein aus, um deine Beachtung zu erlangen, doch du hast nur Augen für den/die Unerreichbare.

Diese Art von Liebeskummer ist vielleicht nicht ganz so schmerzhaft wie der Kummer nach einer Trennung. Doch er kann sehr lange anhalten. Deshalb betrachte ich diese Konstellation auch als eine der klassischen Liebeskummerfallen. Besonders häufig kommt sie vor, wenn die Schwärmerei für einen Schauspieler, Sänger oder einen anderen Prominenten regelrecht zur Obsession wird.

Pia hat solche Gefühle selbst erlebt. Als 15-Jährige war

sie bis über beide Ohren verliebt in den Schauspieler Jimi Blue Ochsenknecht. Wie es ihr damit erging, erzählt sie in ihrer Geschichte.

Die Geschichte von Pia

Mit 15 Jahren waren meine Freundin Ayla und ich total verknallt in Jimi Blue Ochsenknecht, der als Schauspieler aus dem Film »Die wilden Kerle« bekannt war. Wir verfolgten alles, was in Zeitschriften, im Internet oder im Fernsehen über ihn bzw. mit ihm veröffentlicht wurde.

Als »Die wilden Kerle 4« anlief, bekamen wir mit, dass es eine Kinotour gab, bei der Jimi auch nach Berlin kommen würde. Erst sollte er bei »Viva Live« auftreten, dann wurde in einem Kino der Film im Beisein der Hauptdarsteller gezeigt.

Ayla und ich schafften es sogar, Karten für die Kinovorstellung zu bekommen, und waren schon Tage vorher total aufgeregt. An dem großen Tag gingen wir dann erst zu »Viva Live« und konnten dort schon ein Autogramm ergattern. Dann fuhren wir ins Kino, wo wir in der ersten Reihe saßen. Unter all den jüngeren Fans sind wir Jimi und den anderen Schauspielern schon aufgefallen. Sie lächelten uns zu und wir waren total hin und weg.

Nach dem Film holte Aylas Mutter uns ab und wir konnten sie überreden, am Tourbus zu warten, bis die Schauspieler kamen. Wir sind dann mit dem Auto dem Bus hinterhergefahren bzw. auf der Spur neben dem Bus und machten die ganze Zeit Faxen am Fenster, bis Jimi und die anderen aufmerksam wurden und auch alle am Fenster hingen. Über Zeichensprache konnten wir den Jungs klarmachen, dass wir ihre Telefonnummer haben wollten, und zu unserer größten Begeisterung haben wir sie tatsächlich bekommen. Jimi hielt einen Zettel an die Scheibe, auf dem seine Handynummer stand.

Und nicht nur das: Als wir anriefen, sagten sie uns, in welches Hotel sie fahren würden und dass wir doch vorbeikommen sollten. Wir konnten unser Glück kaum fassen!

Aylas Mutter setzte uns dann an dem Hotel ab und dort warteten wir eine ganze Weile in der Lobby. Als Jimi und die anderen dann kamen, sagten sie uns, dass wir noch ein bisschen warten müssten, bis die Betreuerin im Bett sei, dann würden sie uns holen. – Und das taten sie wirklich. Wir gingen alle hoch in Jimis Hotelzimmer, wo wir ziemlich lange zusammen rumgealbert haben. Irgendwie bekam Jimi mein Handy in die Hände und schaute nach, was darin so gespeichert war. Er sah dann, dass ich dort ein Foto von ihm drin hatte – das war mir total peinlich. Ich versuchte, ihm das Handy zu entreißen, und dabei rangelten wir herum, bis ich plötzlich auf dem Bett auf ihm lag. Das war ein Moment, von dem ich in meinen kühnsten Träumen nicht geglaubt hätte, dass er einmal wahr werden würde! Irgendwie hatte ich auch das Gefühl, dass die Situation eine Nähe zwischen uns schaffte, die uns noch länger verbinden würde.

Um zwölf Uhr nachts riefen dann aber meine Eltern an und machten ziemlichen Terror, weil ich immer noch nicht

zu Hause war. Sogar Jimi versuchte, sie am Telefon zu überreden, dass ich noch bleiben darf. Sie holten mich dann
aber am Hotel ab – ich war ziemlich genervt, weil ich gern
noch dort geblieben wäre.

Nach diesem Abend waren wir natürlich fest davon
überzeugt, dass wir Jimi wiedersehen würden. Zwar hatte
ich keine genaue Vorstellung, was nun aus uns werden sollte, aber dass wir zumindest befreundet waren, stand für
mich fest.

Ein paar Tage später riefen wir Jimi dann auf seiner
Handynummer an. Als wir sagten: »Wir sind's, Pia und
Ayla …«, hat er aber einfach aufgelegt. Wir waren total vor
den Kopf gestoßen.

Wir probierten es noch wochenlang, ihn zu erreichen.
Wir kannten auch so eine Internet Community, von der wir
wussten, dass er dort auch angemeldet war, und haben ihn
dort kontaktiert. Wir wollten wissen, was denn plötzlich los
sei – schließlich hatten wir uns doch so gut mit ihm und seinen Freunden verstanden!

Dann irgendwann bekamen wir eine Antwort, die nur
aus einem Satz bestand: »Nervt mich nicht!« Da kapierten
wir endlich, dass Jimi wirklich nichts mehr mit uns zu tun
haben wollte. Wir waren total schockiert.

In den Monaten danach litten wir unter heftigstem Liebeskummer. Mehrere Male haben wir uns deswegen sogar
ziemlich betrunken. Einmal fand mich mein Bruder wei-
nend und betrunken im Bett. Ich konnte mich später gar
nicht mehr so genau daran erinnern, aber er erzählte mir,

ich hätte immer nur gesagt: »Aber ich liebe ihn doch!« Und einmal ging es Ayla nach so einem Abend so schlecht, dass sie meinte: »Ich glaub, ich muss sterben.« Da habe ich mir schon ziemliche Sorgen gemacht.

Diese schlimme Phase hielt ungefähr zehn Monate lang an. Dann lernte ich einen Jungen kennen, mit dem ich zusammenkam. Er hat mich eigentlich erst richtig aus dem Liebeskummer rausgeholt. Dafür war ich echt dankbar.

Die Zeit, in der ich in Jimi Blue verliebt war, war schon ziemlich aufregend. Aber im Nachhinein muss ich sagen, dass ich doch mehr gelitten habe, als dass ich glücklich war.

Wie du dieser Liebeskummer-Falle ausweichen kannst:

● *Höre auf das, was deine Freunde sagen:* Fan sein ist normalerweise ganz und gar unproblematisch, solange es in einem angemessenen Rahmen bleibt. Klar macht es Spaß, dein Idol im Fernsehen, in Zeitschriften oder im Internet zu sehen und genau zu verfolgen, was er oder sie gerade macht. Doch manchmal ist es nur ein schmaler Grat zwischen Schwärmerei und Besessenheit. Wenn deine Freunde schon mit den Augen rollen, weil du bei jeder Gelegenheit von deinem geliebten Superstar sprichst, und schon anfangen, dich damit aufzuziehen, ist es höchste Zeit, mal wieder auf den Teppich zu kommen. Hol dir Rat bei deinen Freundinnen oder Freunden und bitte sie darum, dich zurückzuholen, wenn du wieder einmal in deine Traumwelt mit dem/der Unerreichbaren abtauchst.

♥ *Mach dir klar, dass deine Liebe unerfüllt bleibt:* Ich kann verstehen, wenn du das nicht gern hörst, aber ich muss es dir leider sagen: Die Chance, dass du deinem/deiner Angebetete/n jemals auch nur persönlich begegnest, ist sehr, sehr gering. Pia und Ayla aus der Geschichte bilden da eher die Ausnahme. Du kannst dich also entscheiden: Willst du wirklich weiterhin einen Menschen lieben, den du noch nicht einmal wirklich kennst? Dann musst du dich wohl auch damit abfinden, dass du von diesem Menschen niemals zurückgeliebt wirst. Er wird dich vermutlich niemals in die Arme nehmen, niemals küssen, dich nicht anrufen, wenn es dir einmal schlecht geht, und sich auch sonst nicht um dich kümmern. Bestenfalls gehst du ihm auf die Nerven, so wie Pia es in der Geschichte beschrieben hat. Keine tollen Aussichten, oder?

♥ *Öffne deine Augen für die Welt um dich herum:* Jede Minute, die du in deiner Traumwelt mit deinem Superstar verbringst, bist du in deinem echten Leben nicht richtig anwesend. Du siehst wahrscheinlich gar nicht, was um dich herum passiert, wer sich für dich interessiert oder auf dich steht. Dabei ist es letztendlich doch viel schöner, Zeit mit Menschen aus Fleisch und Blut zu verbringen, die mit dir reden, mit dir lachen, dich berühren. Sie können dir mehr geben, als irgendein Idol es jemals könnte – wenn du es nur zulässt und offen dafür bist.

5.

Was du sonst noch über Liebeskummer wissen solltest

Wie trennt man sich respektvoll?

Vielleicht hast du dieses Buch zur Hand genommen, weil du von deinem Freund/deiner Freundin verlassen wurdest und unter Liebeskummer leidest. Dann kannst du dir im Moment nicht vorstellen, dass du jemals in die Situation kommen könntest, dich von jemandem zu trennen. Du fragst dich sicher: Wie kann man einem anderen Menschen so etwas antun? Wie kann man jemanden so schlimm verletzen, wie du selbst verletzt wurdest?

Es ist verständlich, wenn du heute so denkst. Und doch zeigt die Erfahrung, dass die Zeiten sich auch wieder ändern. So plötzlich wie die Liebe kommt, so schnell geht sie manchmal auch wieder. Und was würdest du einer Freundin oder einem Freund raten, der zu dir sagt: »Ich liebe meinen Partner nicht mehr.« – Ich rate solchen Menschen jedenfalls, dass sie sich trennen sollten. Denn es hilft keinem von beiden, wenn einer nur aus Mitleid oder aus Angst vor Konflikten mit dem anderen zusammenbleibt.

Ganz wichtig ist es aber, sich mit Respekt und Wertschätzung zu trennen. Denn auch wenn ihr euch jetzt nicht mehr so gut versteht, habt ihr doch vorher viele schöne Momente miteinander geteilt. Der andere hat dir einmal viel bedeutet, und du bedeutest ihm womöglich immer noch viel. Deshalb hat dein Partner/deine Partnerin es verdient, dass du ihm persönlich sagst, was Sache ist, und nicht am Telefon, per SMS oder per Mail.

So ein Gespräch zu führen ist nicht leicht, denn es ist ja nicht zu erwarten, dass dein Gegenüber in Freudentränen ausbricht. Er/sie wird verletzt sein, vielleicht sogar wütend oder aggressiv. Dennoch führt aus meiner Sicht kein Weg daran vorbei, dem anderen persönlich zu sagen, was du fühlst bzw. nicht mehr fühlst. Auf diese Weise zeigst du ihm/ihr, dass du ihn/sie immer noch achtest und dich der Auseinandersetzung stellst. Einerseits ist diese Situation eine gute Prüfung für dich selbst: Liebst du ihn/sie wirklich nicht mehr? Schaffst du es, ihm/ihr das auch ins Gesicht zu sagen? Andererseits machst du es deinem Gegenüber dadurch sehr viel leichter. Wenn er/sie sieht, dass es dir ernst ist und dass du dir die Entscheidung nicht leicht gemacht hast, wird er/sie die Trennung umso schneller akzeptieren können.

Ich rate dir außerdem, in so einem Gespräch immer die Wahrheit zu sagen. Wenn du dich beispielsweise in jemand anders verliebt hast, erzähle es – dadurch wird sich der andere weniger Hoffnungen machen, dass ihr wieder zusammenkommt.

Greif deinen Partner/deine Partnerin in dem Gespräch nicht an (»Du hast dich immer so blöd verhalten ...«, »Du bist so und so …«), sondern sprich über dich selbst (»Mir geht es in dieser oder jener Hinsicht nicht gut mit der Beziehung«, »Ich möchte lieber wieder allein sein«).

Es hilft dir und dem anderen, wenn du den Satz »Ich liebe dich nicht mehr« laut aussprichst. Das räumt Zweifel aus und verhindert, dass dein Freund/deine Freundin denkt, du meinst es mit der Trennung nicht so ganz ernst.

Ein absolutes No-Go ist dagegen der Satz »Wir können ja Freunde bleiben«. Auch wenn du es dir jetzt noch so sehr wünschst oder du das Gefühl hast, du könntest dein Gegenüber damit trösten: Beiß dir auf die Zunge. Die millionenfache Erfahrung zeigt, dass eine Freundschaft mit einem Expartner/einer Expartnerin erst möglich ist, wenn beide Abstand gewonnen haben. Oft ist es dafür nötig, dass beide – also auch der/die Verlassene – erst mal eine neue Beziehung eingegangen sind. Wenn der andere dich fragt: »Können wir nicht Freunde bleiben?«, tust du gut daran, keine Versprechungen zu machen. Du kannst sagen, dass aus deiner Sicht zunächst eine Pause gut sei und dass ihr vielleicht in ein paar Monaten noch einmal darüber sprechen könntet. Die Zeit wird zeigen, ob ihr euch dann immer noch so verbunden fühlt, dass ihr Freunde sein wollt, oder nicht.

Wie auch immer das Trennungsgespräch verlaufen wird – ich bin sicher, dass es dich stärker macht und du im Nachhinein froh sein wirst, dich nicht mit einer E-Mail oder einem Brief davongeschlichen zu haben.

Und noch einen letzten Rat möchte ich dir zu diesem

Thema mit auf den Weg geben: Fordere nach der Trennung keine Geschenke oder Briefe vom anderen zurück. Wenn wir einem anderen Menschen etwas schenken, tun wir das meistens gern und haben später positive Erinnerungen an die jeweilige Situation. Schenken ist eine Geste, die verbindet. Fordert man anschließend seine Geschenke zurück, macht man damit auch die schöne Erinnerung kaputt. In ein paar Jahren ist der bittere Nachgeschmack der Trennung vergangen, und was bleibt, ist ein Andenken an eine spannende Zeit, das man gern wieder zur Hand nimmt.

Falls dein/e Ex seine/ihre Geschenke oder Briefe von dir zurückhaben möchte, kannst du deutlich machen, dass dir diese Sachen auch im Nachhinein noch etwas bedeuten und dass du die Erinnerungen an eure schöne gemeinsame Zeit nicht wegwerfen möchtest, auch wenn du dich letztlich getrennt hast.

Die folgende Geschichte von Jan zeigt, wie es jemandem ergehen kann, der sich mir nichts, dir nichts trennt und es hinterher bereut.

Die Geschichte von Jan

Alles beginnt mit einem Umstand, den viele Jugendliche kennen: Im Alter von 16 Jahren wechselte ich das Gymnasium und lernte nicht nur neue Lehrer und Mitschüler, sondern auch jede Menge neue Mitschülerinnen kennen.

Und eine Mitschülerin, Jana, ist mir ganz besonders aufgefallen. Leider war es ziemlich schwierig für mich, ihr zu signalisieren, dass ich auf sie stehe, da sie a) von vielen

Jungs hofiert wurde und dazu auch die heimlichen Herrscher des Pausenraums gehörten und es sich b) um die Tochter eines Lehrers handelte, der mich in Sport unterrichtete. Sprich: heißes Eisen, wenn man sich nicht gleich unbeliebt machen möchte und noch dazu von einer gewissen Schüchternheit beseelt ist.

Also so vorgehen wie immer: nett sein, bisschen lauter reden, wenn sie einem in der Pause oder nach der Schule auf dem Gang über den Weg läuft, freundlich zu ihren Freundinnen sein und diese auf meine Seite ziehen, sich auf den gleichen Partys rumtreiben wie sie, dabei möglichst einen coolen Auftritt hinlegen und bei JEDER Gelegenheit versuchen, Blickkontakt herzustellen … Nach einigen Wochen kannte Jana zumindest meinen Namen. Bald hatten wir dann auch gemeinsame Kurse, und je länger sich dieser Prozess hinzog, umso fixierter war ich auf sie. Es gab keine anderen Mädels mehr neben ihr und das versuchte ich ihr zu jedem Zeitpunkt klarzumachen. Dennoch war sie sehr zurückhaltend und ich weiß bis heute eigentlich nicht so genau, woran es gelegen hat. Jedenfalls machte Jana mir klar, dass sie mich zwar mag, aber nur platonisch, auf freundschaftliche Art. Und wie jeder Mann weiß, gibt es so etwas nicht. Aus meiner Sicht kann es jedenfalls gar nicht gut gehen, solange ein Teil der platonischen Beziehung in den anderen massivst verliebt ist …

Ich musste also meine Taktik ändern, um mich interessant zu machen. In meiner jugendlichen Naivität tat ich das durch Bestrafung. Ich ignorierte sie von nun an, kümmerte mich mehr um andere Mädels an der Schule, und siehe da: Nachdem wir uns nun also anderthalb Jahre kannten und ich natürlich innerlich immer noch tierisch in sie verliebt war, schien diese Nichtbeachtung zu wirken! Glück gehabt, jedenfalls ließ ich sie nun auf mich zukommen und nach einigen vielversprechenden Verabredungen hatte ich es endlich geschafft, ans Ziel zu kommen: Wir waren ein Paar und ihr war es nun mindestens so ernst wie mir!

Natürlich hing es auch damit zusammen, dass ich mich an der Schule etabliert hatte und nicht mehr zu den »Nobodys« gehörte, aber mich von den oben erwähnten Herrschern doch zumindest durch Nahbarkeit und Sympathie zu unterscheiden vermochte.

Das böse Ende kommt aber noch. Nachdem wir nun einige Monate glücklich zusammen waren, enorm viel Zeit miteinander verbracht haben und alles ganz harmonisch war, kam es zu einem Bruch. Und zwar ausgerechnet bei mir. Während Jana sich immer mehr in unsere Liebe hineingesteigert hatte, erschien mir die ganze Angelegenheit auf einmal langweilig. Die ganze Zeit über, in der ich ihr hinterhergelaufen war, hatte ich Schmetterlinge im Bauch gehabt und phasenweise auch unter echtem Liebeskummer gelitten. Nun war das Gefühl der ersten Verliebtheit vorbei. Nicht dass ich sie nicht mehr liebte oder begehrte, aber plötzlich rückten auch andere Frauen wieder in mein Blickfeld. Und so ließ ich mich nach etwas mehr als einem Jahr zu einer Dummheit hinreißen.

Auf einer Party hatte ich ein paar Bier intus und ich

knutschte vor Janas Augen mit einem anderen Mädchen, das mich schon seit Längerem angebaggert hatte. Ich war zu feige gewesen, mich von Jana zu trennen, und wollte auf diese Weise provozieren, dass sie die Entscheidung traf. Ich wollte selbst nicht Schuld daran sein, dass die Beziehung in die Brüche ging.

Tatsächlich kam es so, wie ich es vermutet hatte: Jana konnte mir diesen Vertrauensbruch nicht verzeihen. Sie brach sofort den Kontakt ab und redete kein Wort mehr mit mir. Ich spielte das Ganze meinen Freunden gegenüber herunter: Ich hätte ja nicht ahnen können, dass sie so spießig ist und sich wegen so einer Kleinigkeit so aufregen würde.

Doch nach zwei, drei Wochen erkannte ich, was für ein Idiot ich gewesen war. Das andere Mädchen interessierte mich gar nicht wirklich, ich fand sie sogar ziemlich blöd, wie sie bei jeder Gelegenheit so albern kicherte. Man konnte sich überhaupt nicht vernünftig mit ihr unterhalten. Mit Jana hatte ich dagegen oft bis spät in die Nacht geredet. Wir hatten Pläne für Reisen gemacht und uns schon Namen für die Kinder ausgedacht, die wir mal zusammen haben würden.

Erst nachdem ich all das so mies weggeworfen hatte, was uns verband, wurde mir bewusst, was Liebe bedeutet: nämlich nicht nur das körperliche Begehren, sondern auch die geistige und seelische Verbindung zu einem Menschen. Leider ist es ja oft so, dass man die größten Fehler bei den Menschen macht, die einem am meisten bedeuten.

Und nicht nur das. Wenn ich heute daran denke, auf welche Weise ich mich von Jana getrennt habe, könnte ich immer noch rot werden vor Scham – dabei ist das Ganze jetzt schon viele Jahre her!

Das schlechte Gewissen bändigen …

Ein schlechtes Gewissen nach einer Trennung kann mehrere Gründe haben. Wenn du dich auf so stoffelige Weise getrennt hast, wie Jan es in seiner Geschichte beschreibt, plagt dich dein Gewissen ganz zu Recht. In so einem Fall ist es nie verkehrt, der/dem Verflossenen einen Brief zu schreiben, in dem du ihn/sie für dein bescheuertes Verhalten um Verzeihung bittest. Du solltest dabei allerdings zwei Dinge unbedingt trennen: Willst du dich dafür entschuldigen, *dass* du dich aus einer momentanen schlechten Stimmung heraus getrennt hast – oder bittest du um Entschuldigung, *auf welche Weise* du dich getrennt hast? Wenn es um letzteren Fall geht, lass keinen Zweifel daran, dass du die Trennung im Nachhinein noch immer für richtig hältst, aber gib zu, dass du dafür nicht den respektvollsten Weg gewählt hast.

Ein solcher Entschuldigungsbrief kann übrigens selbst nach Jahren noch heilsam sein – für den anderen und für dich selbst.

In einer anderen Situation darf das schlechte Gewissen dagegen keine Bedeutung haben: Wie ich weiter vorn schon erwähnt habe, sollte niemand aus schlechtem Gewissen mit einem Partner/einer Partnerin zusammenbleiben, den oder die er/sie nicht mehr liebt. Eine Trennung ist oft schwer, aber es gibt in einem solchen Fall keinen anderen Weg.

Wenn du selbst schon einmal eine Trennung in deinem Umfeld miterlebt hast, zum Beispiel weil deine Eltern sich getrennt haben, hast du wahrscheinlich noch genau vor Augen, wie verletzt der verlassene Partner sich gefühlt hat und wie schwer es für ihn/sie war, mit dem Liebeskummer fertigzuwerden. Vielleicht hast du dir vorgenommen, niemals so zu werden wie dein Vater oder deine Mutter. Du willst immer treu sein und niemanden in eine solche Krise stürzen.

Doch wenn du nur aus Mitleid mit deinem Freund/deiner Freundin zusammenbleibst, lügst du erstens den anderen an – das hat er/sie sicher nicht verdient – und zweitens verbaust du dir selbst und dem/der anderen den Weg in eine neue Beziehung.

Ich habe es in meiner Praxis sogar schon erlebt, dass Menschen, die sich aus ihrem schlechten Gewissen heraus nicht trennen, körperlich krank geworden sind. Permanente Bauchschmerzen, Magenschmerzen, Rückenschmerzen, Kopfschmerzen, permanente Müdigkeit – all das kann die Folge sein, wenn du deine eigenen Gefühle verdrängst und dich von deinen Schuldgefühlen leiten lässt.

Je klarer du dich selbst verhältst, desto leichter wird es für den anderen und desto schneller werden sein/ihr Liebeskummer und dein schlechtes Gewissen vorbeigehen. Es ist kein Verbrechen, für den anderen keine Gefühle mehr zu haben. Das solltest du dir immer vor Augen halten, wenn dein schlechtes Gewissen wieder einmal überhand nimmt. Wenn du das Gefühl hast, du möchtest dich trennen und traust dich nicht, besprich es mit Eltern oder einer anderen Vertrauensperson.

Und übrigens: Auch bei dem, der sich trennt, ist Trauer erlaubt! In der Liebe gibt es keine Opfer und keine Täter. Eine Trennung ist für den, der verlässt, ebenso eine Verlustsituation wie für denjenigen, der verlassen wird. Erlaube dir also zu weinen, wenn dir danach ist. Du musst dich deshalb keineswegs schämen – und auch nicht an deiner eigenen Entscheidung zweifeln.

Mit den Eltern fertigwerden

Wenn du akut unter Liebeskummer leidest, bist du damit wahrscheinlich schon genug beschäftigt. Was du gerade am allerwenigsten gebrauchen kannst, sind die oberschlauen Kommentare deiner Eltern, stimmt's? Ob sie deinen Kummer herunterspielen (»Kind, das wird schon wieder«) oder sich ununterbrochen in deine Angelegenheiten einmischen – all das nervt einfach nur.

Mit sehr großer Wahrscheinlichkeit haben deine Eltern vor allem ein Problem: Sie haben noch nicht gemerkt, dass du erwachsen wirst. Noch immer sehen sie dich als ihr kleines süßes Baby, das es vor der bösen Welt zu beschützen gilt.

Das ist auch gar kein Wunder: Fast zwei Jahrzehnte lang war es ihre Aufgabe, für dich zu sorgen, dich zu beschützen und für dich da zu sein. Vielen Eltern fällt es nicht leicht, aus dieser Rolle wieder rauszukommen. Ich selbst habe zwei Töchter – und glaub mir, ich weiß, wovon ich spreche!

Um die ganze Situation für alle Beteiligten erträglich zu gestalten, kann ich dich nur bitten, ein wenig Verständnis für deine ahnungslosen Eltern aufzubringen. Sie meinen es ja gut mit dir – nur hinken sie der Zeit einfach ein wenig hinterher. Mach sie freundlich, aber bestimmt darauf aufmerksam, dass auch du ein eigenständiges Wesen mit Gefühlen bist, mit dem man vernünftige und erwachsene Gespräche führen kann. Bitte sie, deine Privatsphäre zu respektieren, indem sie anklopfen, bevor sie dein Zimmer betreten, nicht in deinen Sachen rumschnüffeln und dich nicht zu Themen ausfragen sollen, über die du vielleicht nicht mit ihnen sprechen möchtest. Schließlich mischst du dich auch nicht in ihre Angelegenheiten ein.

Wenn deine Eltern zu einem echten Problem werden, rate ich dir, dich einem anderen Erwachsenen anzuvertrauen und ihn zu bitten, mit deinen Eltern zu sprechen. Wahrscheinlich wird ihnen die Einschätzung einer außenstehenden Person helfen, die Situation mal aus der Distanz zu betrachten.

Eine andere Möglichkeit ist es, den Eltern einen ehrlichen Brief zu schreiben. Auf diese Weise kannst du alles sagen, was dir auf dem Herzen liegt, ohne dass sie dich unterbrechen. Ein Brief zeigt auch, dass dir an einem guten Verhältnis zu deinen Eltern gelegen ist. Vielleicht legst du ihnen auch mit einem Augenzwinkern einen Elternratgeber aus der Bücherei auf das Kopfkissen. Diesen Wink mit dem Zaunpfahl werden sie bestimmt verstehen.

Und wenn gar nichts mehr geht, such dir aus dem Internet die Adresse einer Beratungsstelle für Familien heraus, beispielsweise vom Jugendamt, von pro familia oder von deiner Kirchengemeinde. Auch bei der Telefonseelsorge wird man dir eine Adresse in deiner Nähe vermitteln können.

Die TOP 10 rund um das Thema Liebe

In 10 Schritten vom Flirt zur glücklichen Beziehung

1. Lächle deinen Angebeteten/deine Angebetete freundlich an und verwickle ihn/sie in eine Unterhaltung, zum Beispiel über Sport, Kinofilme, Schule oder Studium, Urlaubsziele oder das letzte Popkonzert, das du besucht hast.

2. Frag deine Flamme bei der nächsten Begegnung, ob er/sie Lust hat, mit dir ins Kino, ins Konzert oder auf eine Party zu gehen. Du wirst schnell merken, ob er/sie auch auf dich steht.

3. Wenn die Anziehung auf Gegenseitigkeit beruht, überrasche ihn/sie mit kleinen Aufmerksamkeiten. Steck ihm/ihr zum Beispiel kleine Zettel mit einer liebevollen Botschaft in die Jackentasche, in den Rucksack oder in die Sporttasche.

4. Wenn du denkst, dass aus euch mehr wird als eine kurze Affäre, kannst du deinen Freunden »den Neuen«/»die Neue« vorstellen. Das sollte aber nicht heißen, dass ihr zukünftig nur noch im »Doppelpack« zu haben seid. Jeder sollte sich auch weiterhin allein mit den eigenen Freunden treffen dürfen.

5. Kleine liebevolle Geschenke zeigen, dass der andere dir etwas bedeutet. Eine einzelne Blume, eine Tafel Schokolade oder andere Kleinigkeiten reichen schon aus.

6. Seid ihr ein richtiges Paar? Dann ist es an der Zeit, deine Eltern einzuweihen und ihnen den neuen Freund/die neue Freundin vorzustellen.

7. Die Basis vieler guter Beziehungen besteht darin, gemeinsam Zeit zu verbringen. Das bedeutet, sich für den anderen wirklich Zeit zu nehmen und manchmal auch auf eigene Aktivitäten zu verzichten. Hol deinen Schatz doch einfach mal von der Schule, vom Sport oder von der Ausbildungsstelle ab. Denk dir etwas Schönes aus, das ihr gemeinsam unternehmen könntet.

8. Machen wir uns keine Illusionen: Das Gefühl der ersten großen Verliebtheit geht irgendwann vorbei. Die Partnerschaft geht dann über in eine tiefere Liebe – oder sie geht in die Brüche. Es wird Zeiten geben, in denen ihr euch super versteht, und auch solche, in denen es mal zu Streit oder Genervtheiten kommt. Jeder Mensch hat seine kleinen Fehler und seine schwierigen Seiten. Wenn es euch gelingt, die Fehler des anderen zu akzeptieren, seid ihr auf dem besten Weg in eine lange, glückliche Beziehung.

9. Wenn es doch mal zum Krach kommt, lasst euch gegenseitig den Raum, um das Ganze zu verdauen und dann wieder aufeinander zuzugehen. Bei Uneinig-

keiten ist es immer gut, sich in der Mitte zu treffen.

10. Vielleicht kommt irgendwann der Moment, in dem der andere dich um Verzeihung bittet. Zu verzeihen bedeutet, ein Thema so abzuschließen, dass kein heimlicher Groll mehr da ist. Wenn du nachtragend bist und ihm/ihr ein »Vergehen« immer wieder aufs Butterbrot schmierst, hast du dem anderen offenbar noch nicht verziehen. Vielleicht gibt es zwischen euch doch noch etwas zu klären.

10 Ideen, den anderen um Verzeihung zu bitten

1. Du gehst zu deiner/deinem Liebsten, bittest um Verzeihung und hast ein süßes kleines Kuscheltier als Geschenk dabei.

2. Blumen als Geschenk oder als Entschuldigung kommen bei Mädchen immer sehr gut an. Es reicht auch eine einzelne Blume.

3. Kinokarten oder Konzertkarten als Versöhnungsgeschenk sind immer passend. Als Mädchen kannst du außerdem vorschlagen, einmal mit zum Fußball bzw. zur Lieblingssportart deines Partners zu gehen – auch wenn du mit diesem Sport gar nichts anfangen kannst.

4. Ein Picknick ist einfach zu organisieren und mega-

romantisch. Es wird die Stimmung zwischen euch bestimmt wieder heben.

5. Schreib einen Brief, wenn du nicht den Mut hast, persönlich um Verzeihung zu bitten. Hauptsache, du beginnst mit der Entschuldigung.

6. Schicke ein Gedicht zur Entschuldigung, das deine Gefühle ausdrückt. Wenn dir nichts einfällt, bietet das Internet genug Stoff.

7. Eine kleine Einladung zum Eis kann vieles retten und passt immer.

8. Binde heimlich eine Karte mit lieben Worten an ihr/sein Fahrrad.

9. Pack ein großes Postpaket mit einem kleinen Zettel drin, auf dem steht: Bitte verzeih mir!

10. Wenn gar nichts mehr geht, dann greif zu Freundesringen, denn sie sagen aus: Wir gehören zusammen.

♥

10 Sofortmaßnahmen gegen Liebeskummer

1. Lass dich von niemandem unter Druck setzen, sondern nimm dir die Zeit zum Durchhängen und Trauern, die du brauchst.

2. Schäme dich nicht für deine Trauer. Sie beweist nur, dass du sensibel bist und fähig zu lieben.

3. Such dir einen Vertrauten. Wenn es nicht deine Eltern oder deine Freunde/deine Freundinnen sein sollen,

dann geh zu deinem Hausarzt, zu Onkel, Tante oder zu den Großeltern und erzähle deine Geschichte. Lass dir mit Rat und Tat helfen. Sie alle kennen das Gefühl des Liebeskummers, denn sie haben es auch schon erlebt.

4. Wenn du über einen längeren Zeitraum (mehr als sechs Wochen) nicht schlafen / essen kannst, ist es besser, zum Arzt zu gehen. Deine Seele und / oder dein Körper benötigen vielleicht Hilfe.

5. Solltest du nicht weinen können, dann sieh dir allein einen traurigen Film an oder höre traurige Herzschmerzmusik. Koch dir einen guten Tee dazu und verwöhne dich mit Schokolade. Vielleicht kannst du dir den ganzen Mist auf diese Weise aus der Seele weinen. Danach fühlst du dich bestimmt viel leichter und besser.

6. Es ist ganz mieser Stil, schlecht über den Expartner zu sprechen. Deswegen lass es sein und äußere dich, wenn überhaupt, nur positiv. Das macht dich zu etwas Besonderem und lässt den / die Ex nachdenklich werden.

7. Denke nicht: »Oh Mann, ich bin schuld am Ende der Beziehung.« – Sicherlich ist der Trennungsgrund ein völlig anderer. Selbstvorwürfe bringen dich nicht weiter.

8. Lenk dich unbedingt ab, geh zum Sport, tu etwas für die Schule, triff dich mit Freunden, geh ins Kino. All das hat neben der Ablenkung einen weiteren Effekt: Es baut dein Selbstwertgefühl auf und macht dich stark.

9. Suche für dich Veränderungen, damit du vorankommst: Neue Freunde, neue Hobbys oder ein neues Outfit könnten helfen.

10. Es ist immer hilfreich, ein Tagebuch zu schreiben, um deine Gefühle und das, was geschehen ist, zu verarbeiten. Tippe deine Gedanken nicht in den PC – ein richtiges handgeschriebenes Tagebuch ist sinnvoller.

♥

Die Top-10-»No-Gos«, wenn du verlassen wurdest

1. Bettle nicht um die Liebe deines Expartners. Damit erniedrigst du dich selbst – das hast du gar nicht nötig!

2. Nimm nicht die ganze Schuld für die Trennung auf dich.

3. Betäube dich nicht mit Drogen oder Alkohol. Nimm keine Tabletten ohne ärztlichen Rat.

4. Bestrafe dich selbst nicht mit Essensentzug, aber pass auch auf, dass du dich nicht nur noch mit Essen belohnst.

5. Vernachlässige Schule, Studium, Ausbildung nicht. Das wäre dein Expartner nicht wert.

6. Schicke deinem Ex keine endlosen Briefe, SMS oder Mails. Tyrannisiere ihn/sie nicht mit Telefonterror. Du machst dich ihm/ihr gegenüber dadurch nur klein.

7. Hüte dich, den neuen Partner vom/von der Ex schlechtzumachen. Das wirkt kleinlich.

8. Suche nicht die permanente Nähe des Ex. Warte nicht an seinem Fahrrad oder seinem Auto auf ihn. Tauche nicht überall dort auf, wo er höchstwahrscheinlich sein wird, wenn es nicht sein muss.
9. Bitte seine/ihre Freunde oder Freundinnen nicht, dir zu helfen, den Ex zurückzubekommen. Das bringt die anderen nicht nur in Loyalitätskonflikte, sondern geht in der Regel auch nach hinten los.
10. Tu nichts, was dir hinterher peinlich sein könnte.

10 goldene Regeln, wenn der Liebeskummer einen Freund/eine Freundin erwischt hat

1. Vermeide Floskeln wie »Das wird schon wieder!« oder »Denk einfach nicht so viel dran«.
2. Sei geduldig, auch wenn du die Trennungsgeschichten schon zum hundertsten Mal hörst. Liebeskummerkranke brauchen diese Gespräche, um ihren Kummer zu verarbeiten.
3. Nimm den Kummer des anderen ernst. Für ihn/sie bricht gerade eine Welt zusammen. Vielleicht erinnerst du dich selbst daran, wie es dir in so einer Situation ging.
4. Lenke den anderen ein wenig ab, indem du Vorschläge für gemeinsame Aktivitäten machst oder ihm einfach nur Gesellschaft leistest.

5. Erzähle von deinen eigenen Liebeskummer-Erfahrungen. So merkt der andere, dass du ihn verstehst und dass es anderen auch schon mal so ging wie ihm jetzt.

6. Rede nicht schlecht über den Ex, auch wenn du noch so große Lust dazu hast.

7. Versuche nicht, den/die Betroffene/n mit jemand Neuem zu verkuppeln. Solange er/sie noch in der Trauerphase ist, ist er/sie nicht bereit für eine neue Liebe.

8. Gib nur Ratschläge, wenn du danach gefragt wirst. Oft geht es nur darum, dass der andere sich den Kummer vom Herzen redet, und nicht darum, was er jetzt tun könnte, damit es ihm schnell besser geht.

9. Frag jeden Tag aufs Neue, womit du dem anderen helfen kannst. Gerade wenn es ihm jetzt sehr schlecht geht, kann sich das täglich ändern. Mal wünscht er sich, in Ruhe gelassen zu werden, ein anderes Mal hätte er vielleicht gern Gesellschaft und am dritten Tag braucht er womöglich Ablenkung oder einen verständnisvollen Gesprächspartner.

10. Stell deine eigenen Bedürfnisse für eine Weile zurück. Auch das gehört zu einer echten Freundschaft.

Adressen für Liebeskummer-Coaching

Akute Hilfe für Liebeskummerkranke gibt es unter der **Silvia Fauck Hotline 0900 5102374** (1,90 € pro Minute aus dem Festnetz der Deutschen Telekom, Mobilfunk-Tarife können abweichen).
Außerdem erhältst du Hilfe in den Liebeskummerpraxen in Deutschland, Österreich und in der Schweiz:

DEUTSCHLAND
Silvia Fauck Liebeskummer Coaching Berlin
Silvia Fauck
Hohenzollerndamm 199, 10717 Berlin
Telefon: +49-30-86 31 31 00
fauck@silvia-fauck.de
www.liebeskummer-praxis.de

Silvia Fauck Liebeskummer Coaching Dortmund
Anne-Christiane Meister
Friedenstr. 16, 44139 Dortmund
Telefon: +49-231-90 98 990, Fax: +49-231-90 98 991
c-meister@t-online.de
www.meister-gesundheitsberatung-und-coaching.de

Silvia Fauck Liebeskummer Coaching Erlangen
Carolin Camin
Hauptstr. 86, 91054 Erlangen
Mobil: +49-176-70265389
mail@gemeinsam-wege-finden.com
www.gemeinsam-wege-finden.com

Silvia Fauck Liebeskummer Coaching Göttingen
Sandra Ehrenberg
Fliederweg 8, 37213 Witzenhausen
Telefon: +49-5542-500983
Mobil: +49-175-15 95 650
info@sandraehrenberg.de
www.sandraehrenberg.de

Silvia Fauck Liebeskummer Coaching Hamburg
Daniela van Santen
Ludolfstraße 40 (Eingang Galerie)
Neben der Hochzeitskirche Eppendorf
20249 Hamburg
Telefon: +49-40 28 51 81 85
coaching@daniela-van-santen.de
www.daniela-van-santen.de

Silvia Fauck Liebeskummer Coaching Hamburg-Rissen
Sandra Ehrenberg
Mobil: +49-175-15 95 650
info@sandraehrenberg.de
www.sandraehrenberg.de

Silvia Fauck Liebeskummer Coaching Hildesheim
Kerstin Beyer
Schuhstr.48, 31134 Hildesheim
Telefon: +49-5121-2 06 75 95
kbeyer@kerstin-beyer.de
www.kerstin-beyer.de

Silvia Fauck Liebeskummer Coaching Kassel
Sandra Ehrenberg
Telefon: +49-5542-500983
Mobil: +49-175-15 95 650
info@sandraehrenberg.de
www.sandraehrenberg.de

Silvia Fauck Liebeskummer Coaching Leipzig
Diana Lange
Jacobstraße 2, 04105 Leipzig
Telefon: +49-341-256 26 66, Mobil: +49-163-257 52 05
diana.lange@coachxpert.de
www.coachXpert.de

Silvia Fauck Liebeskummer Coaching München
Regine Sennefelder
Waldgartenstr. 61, 81377 München
Telefon: +49-89-44237131
regine@sennefelder.com
www.sennefelder.com

Silvia Fauck Liebeskummer Coaching Stuttgart
Karin Goldstein
Alexanderstr. 105, 70182 Stuttgart
Mobil: +49-151-22 68 41 24
praxis@liebeskummer-stuttgart.de
www.liebeskummer-stuttgart.de

ÖSTERREICH
Silvia Fauck Liebeskummer Coaching Österreich
Mag. Jasmin Ruprecht
Pfluggasse 10, A-9500 Villach
Telefon: +43-676-9039717
jasmin.ruprecht@ipsy.at
www.ipsy.at

SCHWEIZ
Silvia Fauck Liebeskummer Coaching Schweiz
Mona Gross-Pfeiffer
Alte Speicherstrasse 10, CH-9053 Teufen AR
Telefon: +41-71-9114321
mona.gross@bluewin.ch

Danke

Für die großartige Unterstützung lieber Freunde und Klienten, die mir ihre Liebeskummergeschichten für dieses Buch zur Verfügung gestellt haben, bedanke ich mich aufs Herzlichste. Ohne eure Unterstützung wäre dieses Buch nicht zustande gekommen. Danke an: Celine, Katja, Melanie, Luisa, Stefanie, Holger, Tim, Nikolai, Benjamin, Lukas und Alina.

Großer Dank auch an meine prominenten Helfer Sebastian Erxleben und Michael Dierks.

Außerdem danke ich Jasmin Ruprecht und Berend Breitenstein für ihre Experten-Statements.

Mein größter Dank geht an Sabine Barz. Es ist schon das dritte Buch, das ich gemeinsam mit Frau Barz geschrieben habe. Es war ohne jeden Stress und völlig unkompliziert möglich, meine Wünsche und Ideen in diesem Werk umzusetzen. Danke, liebe Sabine Barz. www.write-now.de

Fauck, Silvia:
SOS Herzschmerz – Soforthilfe von der Liebeskummer-Expertin
ISBN 978 3 522 30252 4

Einbandgestaltung und -typografie: Hauptmann & Kompanie Werbeagentur,
Zürich, Vivien Heinz, unter Verwendung eines Motivs von
© akiyoko/Shutterstock
Lektorat: Sabine Barz, Berlin
Texttypografie: Kadja Gericke
Schrift: Joanna, Versailles, Filosofia Italic
Satz: KCS GmbH, Buchholz/Hamburg
Reproduktion: immedia 23, Stuttgart
Druck und Bindung: CPI – Ebner & Spiegel, Ulm
© 2011 by Gabriel Verlag
(Thienemann Verlag GmbH), Stuttgart/Wien
Printed in Germany. Alle Rechte vorbehalten.
5 4 3 2 1°   11 12 13 14

www.gabriel-verlag.de